U0151933

明代登科錄彙編 八

雲貴鄉試錄序

皇上遠紹姚姬近弘
宗祖乃以才立政以試斂才蓋三
年而一舉用是
天降才無疆惟出
國亦無疆惟休逖矣西南毋是
剪棄視之與采衛畿甸等故

多士嚮臻咸後除精明以
覲耿承休中州時或病馬嘉靖辛
卯歲當屆期禮部若時舉行
上命戶部主事臣維章兵部主事
臣經主試事于時巡按監察
御史臣奇曰監臨予責也曷
敢不力胥飭胥周外內整整

總兵官黔國公臣沐紹勛巡撫副都御史臣顧應祥臣劉士元暨都督僉事臣李璋巡按御史臣郭弘化憲度綏靖士以寧教授臣勛教諭臣希文臣志澄臣浩訓導臣錄各以前巡按御史臣毛鳳韶聘

至充同考試官刑部郎中臣
張琺工部郎中臣張淑錦衣
衛千戶臣陶鳳儀公寓兹土
亦多賛襄提調則左布政使
臣公韶左叅議臣鳴陽監試
則副使臣第僉事臣道綜理
防範則右布政使臣唐胄左

參政臣孟廷柯右參政臣汪
必東臣祝壽右參議臣華金
按察使臣張祜副使臣歐陽
席臣蔣彬臣潘潤僉事臣樊
準貴州左布政使臣王汝舟
左右參政臣李傳臣衛道左
右參議臣姚汝皐臣柴經按

察使臣戴書副使臣韓士英
臣張庠僉事臣王尚志都指
揮僉事臣金章署都指揮僉
事臣樊泰臣馮立貴州都指
揮僉事臣李宗祐暨簡百執
事惟其人寅恭和衷庸協于
有濟提學僉事臣王闇臣黃

國用先諸郡邑選于衆衆
無留良乃得入試合千四百
有奇試之者三四委波塡五
都山立汶丘坻積崐岡錯陳
爲之低回不忍棄去久之拔
其最錄名與文以
獻凡五十五人噫盛矣哉古稱

一紀而俗變風移今其紀也
玆可驗矣夫公乃平明乃晳
勤乃成是故所不至者有如
天地日月雖然所獲文焉爾已文
言也言言不心多多贅矣昔
虞廷載采周室賓興而試婞
直而懼憸人故臣恐其靜言

之而庸違之也多士先資其
言他日當克有樹立毋負
天子毋負百姓毋負所學自獻其
身以成其信斯可矣嗚呼多
士尚勗哉爾所不勗其于爾
躬有辱
戶部福建清吏司主事臣焦

維章謹序

弘治十年雲貴鄉試

監臨官

巡按雲南監察御史葉奇 弘僃福建閩縣人 辛巳進士

提調官

雲南等處承宣布政使司左布政使高公韶 大和四川內江縣人 乙丑進士

雲南等處承宣布政使司左參議朱鳴陽 應周福建莆田縣人 辛未進士

監試官

雲南等處提刑按察司副使高第 公次四川羅江縣人 甲戌進士

雲南等處提刑按察司僉事劉道 子弘江西萬安縣人 辛巳進士

考試官

戶部福建清吏司主事焦維章
子晦四川灌縣人
丙戌進士

兵部車駕清吏司主事胡經
用甫江西廬陵縣人
己丑進士

同考試官

江西廣信府儒學教授江勛
元積廣東番禺縣人
癸酉貢士

河南河南府偃師縣儒學教諭宋委
仲質湖廣黃岡縣人
乙酉貢士

河南開封府儀封縣儒學教諭魯壄
揚郊福建莆田縣人
壬午貢士

江西吉安府龍泉縣儒學教諭鄧浩
師孟廣東順德縣人
乙酉貢士

浙江湖州府歸安縣儒學訓導林鏢
德良福建侯官縣人
丙子貢士

印卷官

雲南等處承宣布政使司經歷司經歷方一經 世講福建莆田縣人 監生

雲南都指揮使司經歷司經歷余楠 良材直隸安慶衛人 監生

收掌試卷官

雲南府知府田邦傑 世英福建侯官縣人 甲戌進士

大理府知府劉守緒 克成湖廣興國州人 甲戌進士

受卷官

楚雄府知府楊麗 益夫四川南充縣人 癸未進士

廣南府知府鄭䝟 諧甫福建莆田縣人 癸未進士

姚安軍民府知府王鼎　汝調　河南汝州人　丁丑進士

尋甸軍民府知府劉秉仁　思孝　四川大邑縣人　甲戌進士

彌封官

武定軍民府同知狄冲　仲虛　應天府溧陽縣人　癸未進士

雲南府安寧州知州何仕　汝學　四川內江縣人　甲子貢士

大理府賓川州知州蔣英　士華　四川成都前衛官籍陝西咸寧縣人甲子貢士

曲靖軍民府陸涼州知州聚廷用　良弼　湖廣松滋縣人　庚午貢士

大理府趙州雲南縣知縣蔡金　礪卿　廣西蒼梧縣人　庚午貢士

謄錄官

鶴慶軍民府通判彭僎 國元湖廣巴陵縣人 庚午貢士

新化州知州王域 堯封直隸青縣人 己卯貢士

雲南府晉寧州知州孫衡 平父四川資縣人 癸酉貢士

徵江府河陽縣知縣劉詔 汝承四川江安縣人 癸酉貢士

對讀官

雲南府嵩明州知州葉紹禮 宗秩陝西文縣籍江西浮梁縣人監生

曲靖軍民府馬龍州知州李珊 良貴江西臨川縣人 辛酉貢士

廣西府師宗州知州甘棠 茂夫湖廣蘄州人 癸酉貢士

麗江軍民府巨津州知州任天澤 汝霖四川西充縣人 己卯貢士

巡綽官

廣南衛指揮使于鰲　任之直隸仓椒縣人

雲南右衛指揮僉事張威　可畏湖廣均州人

雲南中衛指揮僉事方雄　世英直隸宣城縣人

雲南中衛指揮僉事周恩　天錫直隸全椒縣人

雲南中衛指揮僉事劉昂　文擧山東掖縣人

雲南前衛指揮僉事金潮　本充直隸滁州人

搜檢官

雲南左衛指揮使武鐣　子聲山東鄒縣人

雲南後衛指揮同知王璋 廷獻直隸盧龍縣人

廣南衛指揮同知崔漢 朝宗直隸江都縣人

廣南衛指揮同知曹忠 汝良直隸六合縣人

雲南右衛指揮僉事汪軒 良策直隸合肥縣人

雲南中衛指揮僉事周瑀 朝珮直隸盱眙縣人

供給官

雲南都指揮使司斷事司斷事楊經 廷齊浙江歸安縣人 監生

雲南等處承宣布政使司照磨所檢校王造 得之四川成都左護衛人 監生

雲南等處提刑按察司經歷司知事胡昂 時舉四川萬縣人 監生

雲南府晉寧州呈貢縣知縣張昊　服堯　湖廣漢川縣人　監生

雲南後衛經歷司知事黃祀　克承　廣西蒼梧縣人　監生

廣南衛經歷司知事張鈿　汝文　福建將樂縣人　監生

楚雄府南安州吏目關節　介卿　直隸大河衛人　監生

雲南府昆明縣縣丞陳才　德夫　四川犍為縣人　監生

臨安府蒙自縣縣丞李文燦　孝明　湖廣石首縣人　監生

大理府太和縣縣丞江容　德夫　四川江津縣人　監生

雲南府板橋驛驛丞吳義　惟和　四川安縣人　承差

雲南府嵩明州楊林驛驛丞陳璧　廷玉　四川成都縣人　承差

雲南府祿豐縣祿脿驛驛丞劉通　廷達四川富順縣人吏員

臨安府通海縣通海驛驛丞鄭廣　居仁四川仁壽縣人吏員

蒙化府樣備驛驛丞么宗賢　時用四川瀘州人承差

楚雄府廣通縣路甸驛驛丞張一鵰　汝化雲南太和縣人承差

第壹場

四書

湯之盤銘曰苟日新日日新又日新康誥曰作新民詩曰周雖舊邦其命維新是故君子無所不用其極

子貢曰夫子溫良恭儉讓以得之夫子之求之也其諸異乎人之求之與

聖人人倫之至也

易

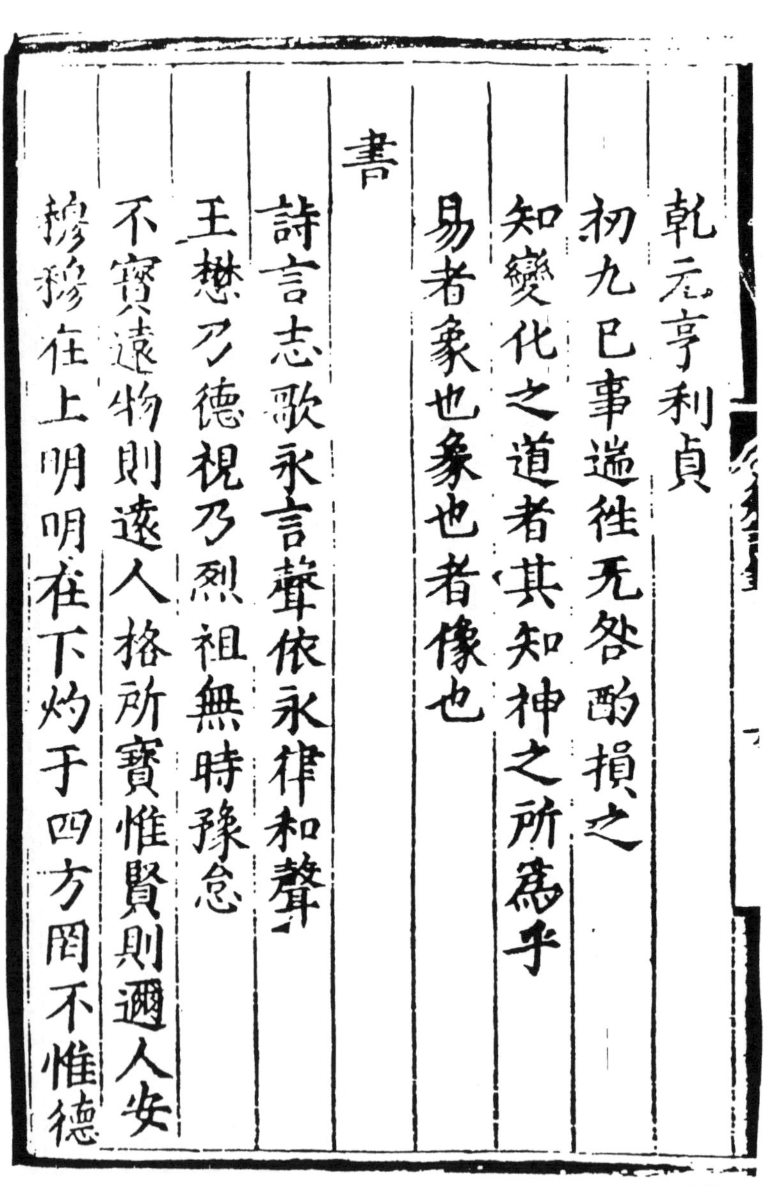

乾元亨利貞
初九巳事遄往无咎酌損之
知變化之道者其知神之所爲乎
易者象也象也者像也

書

詩言志歌永言聲依永律和聲
王懋乃德視乃烈祖無時豫怠
不寳遠物則遠人格所寳惟賢則邇人安
穆穆在上明明在下灼于四方罔不惟德

之勤故乃明于刑之中率乂于民棐

彝

詩

樂只君子福履綏之

我車既攻我馬既同四牡龐龐駕言徂東

誕后稷之穡有相之道茀厥豐草種之黃

茂實方實苞實種實褎實發實秀實

堅實好實穎實栗即有邰家室

我龍受之蹻蹻王之造載用有嗣實維爾

公允師

春秋

春正月公會宋公蔡侯衞侯于曹夏四月

公會宋公衞侯陳侯蔡侯伐鄭 桓公

十六年

秋九月齊侯宋公江人黃人盟于貫 僖公

二年

三月作丘甲 成公 元年

季孫斯仲孫何忌帥師墮費 定公十二年

禮記

以著其義以考其信

論倫無患樂之情也欣喜歡愛樂之官也

中正無邪禮之質也莊敬恭順禮之

制也若夫禮樂之施於金石越於聲

音用於宗廟社稷事乎山川鬼神則

此所與民同也

百官得其宜萬事得其序

無欲而好仁者無畏而惡不仁者天下一

人而已矣是故君子議道自已而置

法以民

第貳場

論

大舜善與人同

詔誥表內科一道

擬漢賜民今年田租之半詔文帝十二年

擬唐以李素立爲燕然都護誥貞觀二十

一年

擬宋以富弼爲司空侍中平章事謝表 熙寧二年

判語五條

濫設官吏

脫漏戶口

失占天象

私賣戰馬

干名犯義

第叁場

策五道

問稽古禮文帝王盛節也漢唐宋諸君兼盡者鮮矣我

皇上

天縱多能

日新盛德勵精以來禮儀文章之盛古今鮮儷如建四壇耕籍田及蠶亭蠶壇之規建冠服宮室之等差皆禮之至大者也古帝王亦有相合者與脩大典續會典與

敬一箴四箴之精微詩賦序說之麗則
皆文之至妙者也古帝王亦有與此相
同者與夫無本不立無文不行二者必
有其本矣果安在與抑別有所當急者
與請試言之以爲涓埃之一助

問人有恒言曰道德政事文學自孟子距
楊墨程子闢佛氏士知所宗矣宜眞儒
之踵踵也何學明愈晦言多而益離名
之曰儒而佛老不屑而亦屑爲之然則

今日異端果在異端與仲尼之徒無道
桓文之事故結綬進者目以管商則不
悅告人以仁義則便便也然
國有大事輙難其人豈權謀功利亦未易得
與六經非聖人得已作也渾渾噩噩萬
世宗之後世觚翰之士日事雕刻宜文
代勝而人精矣然宋不如唐唐不如漢
漢不如古何與今
聖天子在上復古振今一紀于茲矣當必有勃

然顯然者茲盛世所樂見也明著以觀
厥擇
問禮國之幹而敬則禮之輿也周公兼三
王鑒二代作周禮以相成王以永八百
年之歷誠萬世之蓍蔡也何後世行之
而亂不行而亦治與我
國家建官一準周禮誠哉周道之復見也其
或損或益或同或不同可得而歷數與
抑尚有可復者與洪惟我

皇上以禮爲國宏模大猷重熙疊新而尤拳拳
于
敬一之箴以數示四方其與文武周公之道果
有同與周官之法果有關與其有以教
我也
問氣龐人瀉大道弗完其制行難盡槩于
中庸矣有刎頸碎首決面剖心者孰當
有殺夫棄母舍父戮弟者孰優袁安枷
公綽之馭吏何如許武胡質之持廉何

如改姓全宗以貸滅宗何爲明哲載書
受謗棄書避謗何爲周愼奏劾崔洪爲
袁制服果義與裸葬矯世大治冢舍果
禮與辭漢從漢之是非背晉死晉之得
失陶柴桑廬藏用种放之隱豈皆同耶
許曾齊王景略吳草廬之仕豈無異耶
幸擬議告我以觀尚友

問漢宋諸臣若汲黯之直若司馬光之正
遇以武帝神宗之英宜無弗行其志者

而卒無酬一忠果二君不能用抑黜光
不善為其所用耶就使黜光用其能厭
二君之心成大有為之績耶士如並生
其世有能超二臣而別有建白耶今惟
我
皇上學儗堯舜禮復成周明良起喜萬禩而一
會矣茲欲酌標本緩急之宜成大中至
正之典以光中興之治不知何說而後
可上當

帝心下益民命中愜士望也其胥告之

中式舉人五十五名

第一名李東儒　劍川州學生　詩

第二名段承恩　晉寧州學生　易

第三名李啓東　楚雄府學生　書

第四名喬棟　通海縣學生　春秋

第五名孫衣　貴州清平衛學生　禮記

第六名楊泉震　大理府學增廣生　易

第七名李勝　昆明縣學生　詩

第八名 馮璿 貴州永寧宣撫司學生 書

第九名 葉爲譙 貴州宣慰司學生 春秋

第十名 孫文光 大理府學生 詩

第十一名 楊文煥 貴州宣慰司學生 易

第十二名 李倖 永昌府學生 詩

第十三名 劉宗堯 蒙化府學生 書

第十四名 李鍾傑 澂江府學生 易

第十五名 梁森 貴州安南衛學生 詩

第十六名 郝大賓 雲南府學生 禮記

第十七名楊時新　大理府學增廣生　書

第十八名鄒星　臨安府學生　詩

第十九名洪儒　嵩明州學生　易

第二十名謝瓚　楚雄縣學生　詩

第二十一名楊經　昆明縣學增廣生　書

第二十二名趙鳴鳳　貴州普定衛學生　詩

第二十三名李廷玠　阿迷州學生　易

第二十四名王惟忠　貴州宣慰司學生　書

第二十五名席大賓　澂江府學生　易

第二十六名張拱文　大理府學增廣生　春秋

第二十七名周俊　雲南府學生　書

第二十八名楊金斗　大理府學生　易

第二十九名李朝用　平夷衛學生　書

第三十名司馬杰　貴州普安州學生　易

第三十一名萬文彩　臨安府學生　詩

第三十二名楊世雍　貴州平越衛學生　易

第三十三名陳宗儒　雲南縣學生　詩

第三十四名李俊　昆陽州學生　易

第三十五名周鑛　貴州宣慰司學生　詩

第三十六名李恒敷　大理府學生　禮記

第三十七名朱仕　阿迷州學生　詩

第三十八名繆文龍　貴州烏撒衛學生　書

第三十九名許愷　昆明縣學生　詩

第四十名趙廷臣　太和縣學附學生　易

第四十一名梅復初　貴州宣慰司學附學生　春秋

第四十二名石磐　貴州安南衛學生　詩

第四十三名王朴　貴州清平衛學生　易

第四十四名 李稠 大理府學生 詩

第四十五名 施鑌 永昌府學生 詩

第四十六名 趙滋謙 通海縣儒士 易

第四十七名 尹鳳 曲靖府學生 禮記

第四十八名 段鉴 貴州程番府學生 詩

第四十九名 許奇 貴州宣慰司學增廣生 易

第五十名 蔡邦桂 貴州永寧宣撫司學生 詩

第五十一名 趙維垣 貴州永寧宣撫司學生 書

第五十二名 劉綬 貴州宣慰司學生 詩

第五十三名騰鸚　貴州永寧宣撫司學生　書
第五十四名華山　貴州都匀府學生　易
第五十五名高岐　大理府學生　春秋

第壹場

四書

湯之盤銘曰苟日新日日新又日新康誥曰作新民詩曰周雖舊邦其命維新是故君子無所不用其極

段承恩

同考試官訓導林　批超凡入雅深得傳者之意宜冠多士

考試官主事胡　批遠而順

考試官主事焦　批爾括

傳者引言明德以新民者要在止至善也蓋學以至善爲極也君子之學以致用其知止哉曾子釋新民意以爲大學之道挈而言之有三約而歸之惟一何居身者道之則也民者道之推也至於極則天矣不有湯之盤銘乎曰苟日新日日新又日新是洗心浴德以爲標準之地何瞬息之少間也不有康誥乎曰作新民是變動鼓舞以成昭明之化合彼此而一致也詩又不

云乎周雖舊邦其命維新是體信達順以收位育之功者將無弗至也夫由是三言觀之則知君子之心學以明德若爲要矣而必曰善未及人容可以言公乎德以新民斯可已矣而又曰惟德動天無幾其有極也於是乾乾終日以攢其無內無外之道而兢兢萬幾祈抵於無聲無臭之天夫然則物我爲之各得而天人以之合一聖人之能事於是乎畢矣故曰無所不用其極嗟乎極也者至善之謂也吾心中正之則也

而尚何他求哉聖人之立極也定之以中正而主靜焉已靜乎其天道之根人性之體乎然則曷力乎曰勿忘勿助致知焉備矣

子貢曰夫子溫良恭儉讓以得之夫子之求之也其諸異乎人之求之與

李東儒

同考試官教授江　批講聖人所以聞政詳悉可錄

考試官主事胡　批得子貢本意可式

考試官主事焦　批　簡而雅

觀聖人之所以聞政而一無容心也甚矣聖人過化之不測也聞政而容心焉其何以爲孔子乎子貢曉陳亢之意蓋曰子疑夫子聞政有求是徒知他人徇物之常情而未識聖德感人之妙機也是故夫子嘗厲矣而實溫可卽也嘗威矣而實良可親也蓋仁之氣而樂之敎也其與人也恭無敢慢也持已也儉不踰矩也蓋禮之與而身之度也謙以制之遜以出之蓋天之下

而地之卑也故見而人莫不敬焉言而人莫不信焉謀則就之乃秉彝好德之不容已事必待行豈智營力索以來之哉夫政聞於聖人與政聞於他人一也但他人無德而必俟有求聖人至德而不容有心不容有心乃聖人之求也而求豈可以言夫聖人必俟有求乃他人之求也而謂他人爲求斯可矣他人聖人之分一恒人能辨之也況于子哉抑嘗惜國君能問而莫能以也夫能以温良恭儉讓之德君弗逆民隨之

矣朞月而可三年有成也何有而豈止於聞政之益哉故問者虛也聽者庸也此春秋之所以爲春秋也吁

聖人人倫之至也

李啓東

同考試官教諭曾　批 詞整而格高可以追古矣

考試官主事胡　批 有才思

考試官主事焦　批 雄深傑異

聖人者立人極者也夫道至聖人而極極立而天下之道會矣昔孟子示人以法堯舜之道若曰惟天地乃萬物之父母惟聖人爲時人之耳目其極一也是故聖人也者其靜也中而虛誠而精渾渾乎大極之無爲其動也通而理幾而神森森然萬象之有體行之父子而仁親焉行之君臣而義昭焉行之夫婦而別刑焉行之長幼而序秩焉行之朋友而信篤焉廣大悉備與天地而同其運周旋無虧與四時而同其久是

惟盡巳之性也以教一家以諧百姓以式九圍而模範於此乎備其皇建有極乎亦惟立人之道也以成萬物以俟百聖以傳萬世而典則於是乎具其永錫爾極乎是何也道一倫也倫一性也性盡則倫至倫至則道立猶之規矩制而方圓不可勝用也雖然道者天下之公也規矩可授而巧則在人人自未思之耳孔子曰道二仁與不仁而巳仁人心也是故心仁則堯舜之基心不仁則幽厲之階可不敬與學者誠能辨

之於微慎之於動而又守之以一擴之以大則
仁矣則聖人矣故曰君子脩之吉

易

乾元亨利貞

段承恩

同考試官訓導林　批乾之卦辭辭約義
愽作者得意忘言是可以見心學
矣

考試官主事胡　批本源孔傳善發朱

義可與學易矣

考試官主事焦　批辭理俱到可嘉

聖人繫乾天德一則王道普而純矣蓋天者道之原也人惟一之則達之天下而守之中心亦天而已矣昔庖羲有以明天之道也畫六奇以名乾而示精於無言文王觀象而發其蘊以爲天道不已故成生物之功聖心不息故立生民之命是故靜非無事而涵天之體動非有爲而達天之機是天乾也而聖人之心亦乾也占之

維何吾知道之所發一雲行雨施之爲物之所被皆日照月臨之功匪惟九族敘之兆民信之達之四方而風動不但中國尊之夷狄順之傳之萬世而永賴道其大通矣聖人於此何爲乎誠以天道之不已者正而已聖心之不息者正而已必聽於無聲視於無形而不以易心乗之察之益精守之益一而不以人心間之夫然則天德爲之渾渾而王道爲之平平蓋天人合一之樞而毫釐千里之幾也否則外有贊天之規

而內之契天之心謂之元亨亦可焉矣大抵利貞者一易之綱領也文王首發于乾乾道得則思過半矣於乎庖羲名天以開人道之原文王言聖以立天道之紀一也未至於聖如之何亦占諸心之乾也

知變化之道者其知神之所爲乎

楊東震

同考試官訓導林　批變化之道神也知之則神在我朱子不之及者以其

本自明也是作可謂善繼其志矣
宜錄以式
考試官主事胡　批發明知義得旨士
子因本義未及知字遂不顧本文
間有知者則又以考索為知一壹
官訓述之藝淺矣是作頗合聖華
錄之以見知行合一之學
考試官主事焦　批知易故善言易欣
欣羨談

契易道者達天德也夫易之道天也天則神矣非天下之至人其孰得而契諸今夫易之爲書有圖數焉有蓍法焉默而運之存乎神神而明之存乎其人是故變之道何數法之始也化之道何數法之成也玆欲大明終始不以涉其淺者爲闢而以極其深者爲知通乎晝夜不以獵其粗者爲覺而以研其幾者爲悟知剛而剛之知柔而柔之一奇耦之迭見也知進而進之知退而退之一卦爻之消息也夫知易則知神矣

何也圖數生於天地而非天地所能專蓍法制於聖人而非聖人所能爲吾惟害通乎天下之至變則必能契乎天下之至精不離於剛柔而亦不倚於剛柔無方無體而萬化之樞機以定不偏於進退而亦不必於進退至虛至靈而萬有之權輿以達其無思而無不通無爲而無不爲哉吁夫子望天下以神易道何至與雖然神易人也而所以神之者心也君子求諸吾心之神則河圖可無出而蓍法可無制故曰苟非其

人道不虛行其次則惟寡欲欲寡則靜虛而明通其神乎

書

詩言志歌永言聲依永律和聲

馮璿

同考試官教諭曾　批說理文字取式諸士

考試官主事胡　批詳明健雅

考試官主事焦　批舜意正如此

聖君推言人聲所由以生而和者作樂之本著矣蓋樂本諸身也聲生而無律以和之其何以作樂也哉帝舜命夔之意若謂惟樂可以教人因聲可以求樂然豈無其本哉彼心動而之志也志惟不可見必詩以形容之或數其事以發蘊或托於物以寓微性情昭而好惡形詩非言志乎言之不足必歌以長言之衍繹而長短之相形也唱和而始亂之畢具也曲如折而貫如珠歌非永言乎歌以永之聲斯出矣高下視元

韻以爲流通清濁隨所歌而轉運氣比之相從
也聲同之相應也聲非所以依永乎聲既生矣
律以和之損益而旋相爲宮之無窮隔八而上
下相生之有數如黃鍾爲宮則林鍾爲徵自是
而下次序之相承林鍾爲宮則大簇爲商以類
推之更迭以爲主成文而不亂也從律而不姦
也則聲焉無不和矣即聲之和以被於八音斯
樂有感通之妙而冑子之教豈不立哉抑古教
冑子皆本于樂以廣博易良而可涵養德性也

故曰其成也恭儉而溫文但去古既遠累黍律尺之度難考矣能依永和聲乎雖然失數陳義不愈祝史乎哉故學者當求樂於己

穆穆在上明明在下灼于四方罔不惟德之勤故乃明于刑之中率乂于民棐彝

李啓東

同考試官教諭曾　批　清簡可嘉

考試官主事胡　批　辭明有則

考試官主事焦　批　質而綺

古之君臣以德化民而刑以輔之焉夫聖人德
盛而民化也至於用刑豈得已哉穆王稱帝舜
之意以為聖人不免於用刑固也然豈無德而
純用之哉彼帝德重華發而為威明之盛雍然
其和敬三后協心著而為勤恤之功肅然其精
白惟穆與明達于上下輝光所及海隅蒼生乃
旁燭而無疆發越之盛華夏蠻貊亦丕冒之所
及矣由是照臨之下觀感之而皆化無不順帝
之則而歛德不遑也動盪之機鼓舞之以盡神

蓋皆遵王之路而遷善益力也如是則刑非所事矣然猶有未化者刑可已乎故命士師以刑折民而以明制獄執其兩端過不及之必協于中審于五刑輕與重之咸得其當何哉蓋麗法之民惟畏乃畏刑以治之使其革心革面罔干于予正焉爾懋敎之道以辟止辟感以董之欲其會極歸極不犯于有司焉爾德以本刑刑以輔德此刑罰之精華也然則今之用刑可不如舜也哉抑舜有誅殛流放之刑若嚴矣而好生

欽恤未嘗無德行乎其間也夫猛則殘故有灼
于四方之德寛則慢故有率乂棐彝之刑春生
秋殺陽闢陰閉天也惜穆王耄荒而不能也然
能言之所以取于孔子

詩

我車旣攻我馬旣同四牡龐龐駕言徂東

李東儒

同考試官教諭宋　批老練純整真傑作

也

同考試官教授江　批宣王復古之意發
揮殆盡
考試官主事胡　批辭整氣昌快快
考試官主事焦　批有筆力

周王中興備物以致用而將有事于復古焉蓋東都之會不行於天下久矣非有志焉者豈能於此秦定哉昔詩人美宣王之意若曰吾王欲光復乎舊物乃豫飭乎材器故丘甸之供惟正工輿之職常脩儁而車材孔堅也圉僕之蓄

既繫廐牧之數亦借驅而馬馬足惟齊也但見
驂服伏一章之下而惟龐然充實之可觀前後
鈞駟馬之群而非班如分布之不進是足以駕
而往矣然何所往哉彼東土之洛乃天下之中
陰陽之所會也龜墨之所食也天且不違人可
棄之乎周公之所營也成王之所宅也祖且不
違孫可棄之乎撫鍾簴之不移則先人之故疆
猶在蓋將弭節于鼓冠裳之會行斯玉章昭而
侯度整矣覩瀍澗之弗改則後裔之世守可尋

蓋將至止于此蒐狩之典舉斯武功纘而民數
復矣此非疲民以逞也亦非慢遊是好也一勞
而所成者大矣使成康以後王不宣姬氏弗永
世矣故創業難守成不易者此也但其無自周
有終之學晚年不藉畝敗姜戎車攻剛心銳氣
索然盡矣吁惜哉

誕后稷之穡有相之道茀厥豐草種之黃
茂實方實苞實種實褎實發實秀實堅
實好實穎實栗卽有邰家室

李暘

同考試官教諭宋　批　文峻而且藝辭古
而不晦

同考試官教授江　批　講后稷以功受封
基王業起王禮之意甚是

考試官主事胡　批　辭不費而義自暢

考試官主事焦　批　簡勁宜錄

詩人原始祖立生民之功而遂基生周之業也
夫教民稼穡則功也生民大矣其受封生周豈

無自而然哉周公制禮尊后稷以配天乃言此
意謂惟今日得脩配祀之禮實本我祖稼穡之
功蓋力惡其不出於己也教民惟盡乎人力而
不必乎天幸乃寓粢賚於田功亦成能於三務
者也故豐草苗害也治之靡遺黃茂嘉穀茲布
之無失由是茲實也方則生意宅而苞則活氣
萌也種則甲已拆而襃則長以漸也發則長俱
齊而秀則稼始出也成就而剛形味俱美堅且
好也緐碩垂末充盈不秕頴且栗也豈非始盡

遺澤之力終盡培植灌漑之力而致然哉斯民
乃粒而常可陳矣堯於是疇爵胙土爰錫有部
之封開國承家因主姜嫄之祀茲肇膺命自天
之洪基而王業所由造也開尊祖配天之大事
而王禮所由起也我家於部天豈無意也哉抑
周氏上邵農故所其無逸下明農故愛土心臧
棄啓之亶父公劉文武成康繼之皆棄貽之也
禮曰非此族者不在祀典棄之功波及天下後
世萬世祀可也

春秋

春正月公會宋公蔡侯衛侯于曹夏四月公會宋公衛侯陳侯蔡侯伐鄭 桓公十六年

喬棟

考試官主事胡 批 明暢有史才

考試官主事焦 批 語華氣溢

諸侯舉兵好而易從事者之序春秋謹名分而彰主會者之失夫春秋以道名分也位易則紊

而宋莊公會之失見矣昔寤生不祿突忽爭嗣于袲之師既莫終其與忽之心于曹之會竟成夫納突之為玩王法而亢不衷列國之罪均也若蔡衛之序則又異焉何則禮之有定分也猶天地之有定位也人之有禮以止亂也猶水之有防以止潰也莊何人斯而汩之哉其會曹也實先蔡焉徒以其至之先也而非為周官一定之規其伐鄭也遂先衛焉亦以其意之命也而不顧先王萬世之坊借曰爵皆一位然蔡祖叔

度兄也衛祖康叔弟也弟可先兄乎哉亦曰地
皆百里然叔度始封武之世也康叔繼封成之
世也子可降父乎哉視向背爲喜怒而不知儀
位之設非飾喜怒之資以上下爲勸懲而不思
名分之乖非示勸懲之典究其極也舊坊去而
天地易宋莊階禍之罪可勝誅哉雖然二國獨
無免乎夫禮者中之節也失巳則替失人則驕
使蔡能以禮自衛宋雖强大其孰能下使衛能
謙亨自守其肯偃然居蔡人上哉傳曰驕近亂

替近疾二國其有徵夫

季孫斯仲孫何忌帥師墮費 定公十二年

蔡應譙

考試官主事胡 批 歸重吾夫子最是

考試官主事焦 批 義業辭精

觀聖臣之華強都勇昭而化行矣此可見文德武備惟聖人爲能全也與嘗稽費邑之城在襄公世爲然矣夫世久則固固則強不易革茲者授上卿以討累世之逋冦率大衆以釋費人於

塗炭何魯之威力遠振耶亦唯孔子之勇不可敵耳蓋須頃之兵未下則楊州之遜可鑒矧公側之及志不在小使無聖臣其能偏師一指而强梗卽潰乎夫以一怒而安天下惟武王之勇爲大而孔子以之使其志得行則一匡天下不在齊而在魯矣時襲則玩玩則習而難變今而悔罪於藏甲之家追恨乎百雉之愆豈魯之德教素孚耶亦惟孔子之化不可測耳蓋禮制之對未嚴則勿與之謀猶在矧三家之問蓄謀以

定使非聖德其能大識一倡而僭叛心服乎夫以脩德而格有苗惟大舜之教爲神而孔子以之使其道大用則三年有成不徒言而徵諸行矣然此自學春秋者測之也自孔子言之不過紀其當時之蹟而曰天之命也君之力也其心猶歉然未足以盡道也蓋孔子之志用公也曰如有用我者吾其爲東周乎嗟乎女樂受而膰俎行其終於弗用也已雖然用弗用孔子之道昭昭也

禮記

論倫無患樂之情也欣喜歡愛樂之官也中正無邪禮之質也莊敬恭順禮之制也若夫禮樂之施於金石越於聲音用於宗廟社稷事乎山川鬼神則此所與民同也

郝大賓

同考試官教諭鄧　批義與數過有輕重義中仍自有先後此作簡而盡矣

考試官主事胡　批　辭不費而意亦完

考試官主事焦　批　精采爛然

記者詳禮樂之義因言其數爲易知也蓋義精而微數陳而顯也君子其知類乎今夫遺器而求道固不可離道而徇器尤不可何則樂有情焉有官焉詩言志而足論律和聲而有倫惟論則不至失次惟倫則不至相奪樂之體具矣是曰情然必人有欣喜歡愛之心心和則氣和而樂因之以和也不曰官乎禮有質焉有制焉其

行之也中其立之也正惟中則無過不及惟正則不偏不倚禮之體立矣是曰質然必人有莊敬恭順之行行中則容中而禮由之以中也不曰制乎茲原於天地而非聖無以觀其深本諸性情而惟賢可以究其微禮樂之義如此乃若播之金石而始終之一闋被之聲音而高下之相因有事于宗廟社稷也則用之於宗廟社稷之間有事于山川鬼神也則薦之爲山川鬼神之享則儀文具而凡有目者之可覩節奏明而

凡有耳者之可聽也其數豈不易知乎噫義微
固難君子不可以難而自諉數顯雖易君子亦
豈可以易而略之哉嘗稽鄭衛之音作而樂亡
矣魯邾之盟及而禮忒矣孔子正樂存羊備器
以明道也不仁寧儉之云正本以厚末也故曰
無憂不偏者其唯大聖乎
百官得其宜萬事得其序
孫衣
同考試官教諭鄧 批原君臣事相因之

序深爲有見且格古詞確鍊之

考試官主事胡　批　平順

考試官主事焦　批　理勝於辭

臣順而政理脩身之道著矣夫臣者君之弼而政其國之紀也順而理者其脩德之君致之哉今夫天下之治忽在人臣之賢否在君是故君正則朝廷正而百官有不宜乎蓋宜也者義也義行而分得矣吾知位以德定爵以功賞而尊卑之有等靖共爾位懋厥成功而夙夜之匪解

大臣法而歌天保之章小臣廬而著羔羊之節是孰非之乎元首明則股肱爲之自良也故曰得其宜百官正則體統正而萬事有不序乎蓋序也者禮也禮達而治順矣吾知三綱以正九疇以叙而廣大有一定之規綱以舉目疇以數言而細微無不具之典積而不施行而不失也深而能通茂而有間也又孰爲之乎股肱良則庶事爲之自康也故曰得其序噫萬事序由于宜百官而百官宜則本于脩一身身脩而天下

服矣君人其知本哉然此古帝王相傳之要法也夫何言乎禮以節行樂以和度制外之道固也然必心中而後禮可制心和而後樂可作禮備樂和而後天地可参也子曰至禮無體至樂無聲一本之謂也

第貳場

論

大舜善與人同

同考試官訓導林　批模寫大舜公善之

心直與天地相似非善言聖人者

不能

考試官主事胡　批理精氣充有得之

士

考試官主事焦　批議論高格局古自

非世俗文字

夫道其天下之公爭唯聖人爲能體之也是故

以物觀物而不爲天下有吾身以道觀我而不

以吾身小天下不有身者忘我者也不小天下
者忘物者也忘我之謂虛忘物之謂公虛則受
而萬感之幾順公則普而萬物之情一順而一
天下之善備矣夫是之謂大同昔者舜大聖人
也稽其德曰玄矣道曰精一矣業曰帝矣功曰
神矣天下後世不可企而同矣豈惟大人不可
同也聖如禹賢如仲由亦不得而同也不得而
同而舜乃汲汲以下同人人不已卑哉於乎茲
其爲舜也與嘗觀天人合一之道矣易曰繼之

者善也是性之源也成之者性也是善之倪也天且弗二而況於人乎況於物乎是故以我觀物則我也以物觀物則我與人皆物也固無所謂我也以道觀我則人與物皆我也固無所謂物也不曰海乎合川澮江河以爲量也不曰地乎載五嶽四海以成形也不曰大舜乎聯天地萬物以爲身也故曰天體物而不遺聖人體道而無不在使舜當是時也裂裂然與天下相低昂而曰吾聖矣聖矣則亦一身之善也已夫天

下何爲而自善其身哉曰機淺曰志小曰量隘
曰氣輕機淺則冥而罔之志小則惰而不振量
隘則忌而自堅氣輕則驕而易盈是故天下之
不善生于自善大舜之聖生于不自聖也不自
聖斯其爲益聖也故曰自耕稼陶漁以至爲帝
無非取於人者由今觀之取禹以宅百揆稷以
播百穀契敷五教則禹稷契之善舜身之矣取
皐陶以明五刑垂以工益以虞伯夷秩宗夔典
樂龍納言則陶垂益夷夔龍之善舜身之矣不

唯是也四門有善焉四門有善焉則取諸不唯是也東海之人有善焉西海之人有善焉百世之上有善焉百世之下有善焉則取諸則四方上下之善舜又身之矣同人曰同人于野惟君子爲能通天下之志是故九德咸事焉百揆敘焉百姓昭焉萬邦協焉三苗格焉百獸率焉天地官焉萬世熙焉其始也渾渾然與天下同而其終也巍巍乎與天下異非舜與天下異天下之人自與舜異之也益稷曰帝光天之下至于海

隅蒼生子言之曰後有作者虞舜弗可及也矣
夫是之謂同天於乎大舜不可同矣茲欲去其
不可同以求其可同則若之何曰立志莫如勇
進學莫如謙惟勇則不耻於聞過惟謙則不難
於受善今天下有聞過如由者焉吾必曰作聖
之基也有拜善如禹者焉吾必曰大同之門也
是故勇以敏學無弗邁矣謙以益德無弗仁矣
仁以體物無弗同矣顔淵曰舜何人也

同前

李東儒

同考試官教諭宋　批　辭意俱高真傑作也

同考試官教授江　批　議論簡古可以爲式矣

考試官主事胡　批　力追古作一洗時辨吾當爲子三復

考試官主事焦　批　辭不繁而意獨至矣

聖人成其大惟不自知其大能之軻云大舜有
大焉禹暨由軻不之大也匪舜曷大舜之大不
自知其大也不自知其大是謂無我無我而后
能善同於人人與我皆善也廓然而巳矣此咸
其大也夫大之難三曰妙感物之機難極應善
之速難盡廣大光明之心難不難也則舜易易
爾何軻之大舜也是故舜之大惟不自知其大
能之今夫惟岱爲大躋梁父過肅然下瞰群山
則屹然昔介丘矣而岱不知也惟天爲大攙膠

蒼薄雲氣以俯臨后地則隤然者撮土矣而天不知也夫不知其大而后能大大之義大矣哉書曰重華協于帝濬哲文明溫恭允塞又曰帝光天之下至于海隅蒼生吁大哉舜乎然舜不知也不知則人我之辨忘矣軻曰舍已從人是謂忘我取諸人以為善是謂忘人此公天下之善而不私也是故過化存神非妙感物之機者孰能與於此聞見沛然非極應善之速者孰能與於此好問好察隱揚用中非盡廣大光明之

心者孰能與於此機也者神也神則有鼓舞變
化之道以同善於人遠也者虛也虛則有涵負
包容之量以同善於人盡廣大光明之心也者
知也知則有知行擇守之力以同善於人同善
於人而天下之善同矣不同何讓路讓畔器不
苦窳耕稼者陶者漁者之同何明明在下濟濟
相讓四岳九官十二牧之同何爲法可傳定父
子夔鄉人天下後世之同是同也舜同之也同
斯大矣然不自知其大也自知其大則較彼已

商長短氣勝量局矣無若有虛若實才之器溢矣忌嫉而畢聖侮賢無不至矣私刻而求全責備無完人矣此自知其大也惡能大故舜之大天也禹拜昌言其地之大乎由喜聞過其山之大乎自山而地自地而天則幾矣軻曰人皆可以爲堯舜

表

擬宋以富弼爲司空侍中平章事謝表 熙寧二年

周俊

同考試官教諭曾　批典實中有愛君意

深得表體

考試官主事胡　批典則雅實善發鄭

公之心可式

考試官主事焦　批不雕琢宜錄

具官臣弼伏奉

制命特授臣司空侍中平章事者臣弼誠惶誠

恐稽首頓首伏以

坐而論道崇三省之深嚴實維阿衡期百
官之董正必畀賢書能者方謂知人官人
苟非其倫焉用彼相詎意謗勞之猥及遂
踰分涯更忝地望之本疎緣同冒濫罷餘
心戰[illegible]谷魂驚恭惟
○○○○
至道無爲
大聖有作當
勵精圖治之會濟

英文烈武之資知勤儉克邦惟貞百度戒逸
豫滅德罔尚三風畏哭首今其直言論政
即取於擇術欲雍熙之立致謂堯舜而可
爲法雖更新人惟求舊玆者憐臣阽傾陷
之禍原非奸邪録其辭樞密之心用崇恬
退汝州久居散地慶曆曾著微勞委以宣
制知印之權申以加官帖職之重蓋司空迺主
上於舜必待伯禹咎單若侍中即常伯任
周尤慚汲黯安國參知特異其磚位署

豹幸免於壓銜今誇玄玉進賢之佩冠古貴惠
文貂蟬之章飾況於班聯黃閣上象三垣
位近紫微中絲一氣顧巖廊材宜柱石而
鼎鉉調必鹽梅此儒者之至榮須當時之
妙選伏念臣舉叨異等名冒茂才朴忠求
深結乎
主知奉公敢苟同於權貴曾麾州節荒政無補
分毫昔宣相麻人情偶乎夢卜自分豐蔀
難於見

日孰知戴盆可以望
天當嘆老嗟衰之年承經邦弘化之任駑馬十
駕識路之壯心已消鼫鼠五窮緣木之小
技何益臣敢不上副
委寄勉竭虛庸益效丹心冀涓埃之可補寧
辭白首幸溝壑之未填伏願
審君子小人消長之幾畏
天命人心從違之應
事惟師古率由不愆不忘之規

口不言兵恪守無怠無荒之戒臣下情無任

瞻

天仰

聖激切屛營之至謹奉

表稱

謝以

聞

第叁塲

策

第一問

葉復譙

考試官主事胡　批　善陳我

皇上禮文之盛結語尤見忠愛可式

考試官主事焦　批　能鋪張我

皇上制作德業之盛　驗所學

聖人制作之盛飾夫治者也德業之盛維夫治
者也治非故飾也質勝則陋於是有制作
之盛而禮儀文章刑焉治非徒維也實勝

則善所以爲扶持憑籍之具也於是有德
業之盛而本所當急者焉根華兼茂内外
夾特此我
皇上追逐古帝王與之並驅同列而卑視漢唐
宋諸君所弗躐蒸而不居焉者也執事明
問及此得非欲承學奮筆以鳴太平之盛
以攄未陳之悃乎雖然談何容易哉夫稽
古禮文誠帝王盛節也而叔季諸君有不
能兼盡者非不爲也不能也漢俗固醇獨

未遑於禮樂周官徒讀僅不復乎三代器
絲竹而文義多牽觽倫理而覽卷莫益矧
有沿馬上之陋習矜指中之天下陋詩書
而薄仁義乎吁駭乎何以讓焉哉我

皇上

天縱多能

日新盛德自勵精以來華說度貞貴敷離照禮
儀文章之明具正如江河之必有波瀾琥
琰之必有精采不能自已也夫大祭莫重

於

天地今祗有

四壇之設民事宜先於籍田今

親行一墢之耕以至

饁壇醞亭之規建冠服居室之等差皆禮之

最大者也是即古帝王明德恤祀之舉所

其無逸之事辨上下定民志之爲矣夫禮

也者所以懷靈重本而辨異也靈懷神其

據依矣本重民知盡力矣異辨人無越思

矣昔人謂天禮之節文人事之儀則非此
哉
大典既就揭萬世之綱常
會典繼成昭一
代之制度以至
敬一四箴之精微
詩賦序說之麗則皆文之至妙者也是即古帝
王肇脩人紀之功精一執中之訓詠南薰
歌勅天之旨矣夫文也者所以彰典闡道

而足志也典彰經正民興矣道闡理著敎
植矣志足藴發才舒矣昔人謂經國之遠
猷不朽之盛事非此哉斯皆出自
宸衷非由因襲故
王制達於海宇皆改觀而易聽
堯言布於天下咸人誦而家傳也噫嘻高矣美
矣蔑以復加矣孰事乃謂無文不行無本
不立又欲求其本之所在而用力者何耶
夫得其本萬事理則本誠不可以不務也

蓋致太平之大業者貴於百姓之安而崇
日新之盛德者惟在
聖學之隆若禮儀備矣其民瘼之當恤而未盡
實政之已行而未周則不可不急也文章
備矣其元神之順養以保
聖躬性分之反求以刋枝葉則不可不急也書
曰克明峻德協和萬邦孔子曰脩己以安
百姓其本之當用力者歟仰惟
皇上有開物之智而不用其聰明有好古之學

而能宜於神化
躬覽章疏總理機密其宰執所平章臣工所建
白已次第施行矣曰
御經筵時披載籍其
敬一所契悟緝熙所體驗實一貫自得矣愚生
遭逢其盛乃千載一時也何俟於縷陳哉
第二問
郝大賓
同考試官教諭鄧　批士能自得則三立

無難能矣是作得之宜錄以式來學

考試官主事胡　批學貴自得援本之

說錄之

考試官主事焦　批欲學貴自得有本

之論可採士習流弊矣

君子之治學也猶曰賈之務財乎務財有

得利于家治學自得則裕于身是故心存

則神存神存則幾微不奪耳目不牽習俗

不爲標格以體六德以敬五事以宣八政

以奠上下以闡幽微以紀事物一舉而萬
貫焉孟子曰取之左右逢其原子曰吾道
一以貫之自得之謂也執事以立德立功
立言三者策諸承學愚曰三立本于一得
也何也心者德之海也德者源也政者派
也文者流也自得則三者類舉矣不自得
則三者類亡矣三皇繼天而道無象五帝
立極而功難言三王垂統而文無名孔子
刪述而道明孟子七篇而文傳然皇之所

以皇帝之所以帝王之所以王者心也孔孟之所以爲孔孟者心也自是而降務奇謀而不狥正道喜功名而不務奇節貴名節而不通時變樂恬曠而不乎實用挾智術而不知大體蓋其心或失而詭或失而卑或失而隘或失而蕩或失而靡聖賢之道塞然天下奐彼固自謂有得也而非吾所謂得也逮宋茂叔闡其奧伯淳得其純正叔守其確子厚弘其度子靜立其大元

[illegible]姚其戕於是塞者通矣何幸哉
朝廷掃胡元之腥風表章宋儒之正學百六
十年來功業文章雖相望也然中世則亦
有可稱者正誼明道如董仲舒通達國體
如賈誼公平廣大如孔明高情遠志如元
亮懇惻條理如王仲淹識辨佛氏知幾退
之請諫純粹如陸贄先憂後樂如范希文
學推韓孟如歐陽永叔雖遭有醇駁要皆
百世之標也今

國家聖學大明超九子之駕追六儒之轍登
四科之堂此其會也而或鮮其人果不明
之罪耶抑不行之罪耶請辟之富翁懼子
弗守籍金帛而簿識之付之曰積在是厥
子不問積惟簿之守積憊猶曰幸簿之能
識也夫六經簿也道金帛也誦六經而不
體道猶守簿而忘積也子曰其爲人也溫
柔敦厚而不愚疏通知遠而不誣廣博良
易而不奢絜靜精微而不賊恭儉莊敬而

不煩屬辭比事而不亂則深於六經者也
是自得也今習六經者有是得乎有是失
乎是故豢厚積而不守則家貧襲成言而
不體則道離老莊道之蠧也管晏功之罪
也班馬劉曹文之陋也跡其行議亦足驚
世而述後彼固自有得也特無孔子裁之
耳今有若人乎吾將曰偉夫也而況不爲
若人乎不爲若人而又師其當師則雖談
孔孟何益哉爲今計者莫若大召名儒聚

于
京師與公卿大夫士講明斯道如是耶雖一
時議之而必從如不是耶雖天下習之而
必違由是擇端確醇粹者以被
經筵講幄之間以為大學四方之師其教本
于明倫其要在于求放心其成在於脩身
其極在於化民鄉以是實之宗伯以是升
之大宰以是登之則天下士習不更而化
矣是故德立道明如顏閔其人著述云乎

哉謨明弼諧如益稷其人功利云乎哉發

微闡幽如游夏其人雕刻云乎哉詩曰肆

成人有德小子有造譽髦之望也

第三問

段承恩

同考試官訓導林　批　爲國以禮之意此

策可謂得發問之旨

考試官主事胡　批　以禮爲政凡知禮

之義者

考試官主事焦　批　禮無本不立　讀此

策可謂達禮之本者

大哉天地之道乎曰一而已矣至哉聖人之心乎曰一而已矣一者何極也極斯純詩曰於穆不已文王之德之純是故其心中其道貫以庸其心仁其道豈以圓其心莊其道塞以康其心和其道達以融其心淵其道潛以神書曰德惟一動罔不吉百順之謂也夫道備而後教尊教尊而後典

刑與刑而後民範關雎麟趾道也周官者政也純一不已天德也求周官於關雎麟趾則政達求關雎麟趾於純一不已則道立於乎文武周公遠矣明天地之道符三聖之心得周官之紀其惟我

皇上敬一箴乎曰人有此心萬理咸備即周詩潛雖伏矣亦孔之昭也曰匪敬弗聚匪一弗純即文之無斁武之無貳也曰欽天勤民不遑寧處即文之昭事成之基命康功

田功所其無逸也以是心行之
宮帷則雝雝矣行之
宗廟則肅肅矣行之
朝廷則百辟刑矣行之天下則四方訓矣是
故周官之法因損而損之可也因益而益
之亦可也同而同之可也異而異之亦可
也故曰三王異世不相襲禮道悖而同歸
焉者也故漢竊其似拒河間之獻而小康
宋戕其本用金陵之說而兆亂雖然周官

之法亦不可不講也大宰掌邦六典如曰
八法八則八柄之治九職九賦九貢之入
歲會司會治令之政酒正司裘九嬪之官
司徒掌邦教如曰土會土宜土事之辨六
鄉六遂三物之教洫畛樹市山澤之政媒
氏司虣稍人饎人之事宗伯掌邦禮禋柴
槱以祀天神血貍副以祀地示肆饋祠禴
嘗蒸以祀人鬼朝宗覲遇會同惏舟皆腒
巫祝龜筮攸御司馬掌邦政平以九法正

以九伐施以九藉教以振旅蒐合治兵大閱之法辨以都鄙夷蠻閩貉戎狄之界司寇掌邦刑三典以詰之五刑以糾之圜土以教之兩造以禁之肺石以達之五聲以求之八辟以議之司空掌邦事以飭五材以辨名器以攷四玉以等六車以清肅溢合天下之政轄于六官六官之職統于大宰太宰聽于一人誠哉致治之蹟也今之六卿周六官也吏部銓選一由資格五官

無統

內府縣遂無亦以防專也夫六卿拚之可也閽人寺人不統而制之可乎戶部催科政事而教養非所事然井田不復而溝洫之故道不可浚乎勸農之官不可重乎鄉遂不制而保甲之法不可行乎三物之教不可興乎禮樂教化之器也掌之異流司之俳優亦以其業之素也使以教胄子以教民之俊秀則藝日開而中和自宣如周之

籥師司干皆中士下士可也文武國家之翼也無事則綺紈握柄有事則儒紳御兵平時則戎戍坐饗倉卒則編堠奔鋒使能寓兵於農援文以武則士皆知兵兵不妨農農不苦征國不費餉如周之四丘三甲三甲一乘可也周誥曰自作不典乃不可不殺既道極厥辜時乃不可殺蓋原情平獄者恕用刑弼教者仁律外傳心之旨也又曰不作無益害有益功乃成愚頗罷不

急之務節有用之財亦愛養元元一端也
於乎先正曰以立政無逸之規模而植立
鳧鷖既醉之事業以蓼蕭行葦之恩意而
講明洛誥周官之典刑愚敢曰
皇上以敬一之敷訓體為篤恭之妙道則文武
不足法延歷豈八百年已哉詩曰昊天曰
旦及爾出王昊天曰明及爾游衍篤恭之
學也

第四問

李東儒

同考試官教諭宋　批品題人物斷案不差

深得春秋褒貶之意

同考試官教授江　批有識見有斷制可錄

以藴來學

考試官主事胡　批博物善識足占所就

考試官主事焦　批善論古人蓋嘗用心

於格致之學者

圍才以濟世存乎風氣匡才以就道存乎

學術甚矣才之難也濟事以才而圖於用者風氣爲之也故或有分決則立僅以蹈害或垢薄俗則指今而豔古但迫激之餘理義罔擇而節目之際精密未能是以或謬於道耳故諸子之失皆自謂不學無害不害不學則苟而可也夫理以御氣學以變質學也匡才就道之資也豈可少哉是故賢者誠重其死輕于鴻毛非重也不奢刃人非已當待請而決頸不必刎也禽息

薦賢不用當遜位而去首不必存也不全
藏竊冤不聽當舍章而退心不必剖也所
爲已過矣聶政睹韓相而決面大盜奸雄
與荊軻匕首之計同矣何足取哉君子貴
審於義差以毫釐非審也雍姬父倫固親
宜委曲全夫謂人盡夫非也莊善死難無
益宜竊負而逃謂毋當外非也苟肆軍令
旣嚴宜量才用弟謂弟當戮非也所爲太
甚矣申鳴討君賊而舍父大義滅親與趙

苞緩急之勢殊矣不亦善哉袁安多許縱舍不治犯贓之吏柳公綽之嚴則必痛懲之矣蓋安也弛緩必至於惠奸滋惡吾不取也許武多讓田產以邀孝廉之名胡質之清則惟恐人知矣蓋武也譎操卄於獸上罔下吾所惡也改智竊輔免滅族之禍三晉智果也君子謂果智能衛職宗矣呂不韋以人易己之貨以貨滅己之宗何有明哲乎哉書兩華致珍玩之謗後唐周瑮

也君子謂璟迹禮義不愆矣吳祐不愛殺
青之籍用脫薏苡之嫌庶爲周愼乎歟說
奏劾舉主而荀爽爲袁逢世制服其失之
薄以許爲直小人之心也其失之厚又以
親視其他人豈孟子天生一本之說哉楊
王孫裸葬矯世而原涉大治冢舍其過於
儉以薄爲道墨氏之術也其過於僞又以
非禮事其親豈夫子厚葬不可之義哉西
向泣戮哀意蓋以父不受誅義所當仇耳

嵇紹仕晉躬蹈蕩陰之節忠則忠矣然嗚
絃揆日人子當痛心也無乃委質爲臣之
始豫擇其去就而可以無死乎心亂請辭
庶意蓋以母既被執已所當去耳王陵從
漢母有伏劍之痛義則義矣然殺親得侯
人子宜動念也苟當君臣未定之分詳審
其輕重而可以全母乎陶靖節世爲晉輔
其隱也恥事二姓不得已也如靡義用之
驕縱种放之恃恩雖遠勝於顛寘亦可同

乎廉靖然刪不能行處無可議焉得與靖節同哉許魯齋世居北方其仕也不出其國勢使然也如王猛之仕秦吳澄之仕元雖才足以濟亂學足以明道然所遇非時所處非地焉得與魯齋同哉夫執事所問皆賢者之過也昔人謂道之不明皆由於此然則擬議之未審而決擇之弗精所謬豈細故而已乎事關社稷必討之寇也申鳴能知君重乎親而從權以圖之忠其最

優歟紹之節可以死可以無死君子當憐其不仕不死之爲是而不當咎其旣仕而死之爲非也靖節之隱之高魯齋之仕之正其心跡已皭然皛瑩於天下後世矣吳草廬之不能爲靖節君子當取其學術之正而或可咎其精義致用之有所未至也他如質清矣去其介可由也褎孝矣去其固可由也其餘數子能兼彼之長而文以我之禮樂亦可取舍去就其間而與道不

謬矣大抵帝王之盛旣降純秀之會不完
故徇節槩之高者或傷於詭激泥經常之
行者或滯於變通蓋質美而未學與旣學
而未純耳夫大道以中庸爲極致衆言必
聖人而折衷誠使游洙泗之門聞知裁之
教安知不與中行同歸而顏冉並科哉記
曰君子欲化民成俗其必由學乎學之不
可以釋也如是
第五問

李啓東

同考試官教諭曾　批時務一策最難斷制曉闕此篇可以觀志矣

考試官主事胡　批通達國體子其雋與

考試官主事焦　批是能留心於時務者子其俊傑與

天下有大經而行之存乎權天下有大幾而出之存乎時經以權行則安而遷矣權

以幾定則稱而隱矣幾以時見則神而明矣艱矣哉人臣事君之道也語變者易於誣守常者易於昵誣者亂天下也昵者病天下也二者雖殊其僨天下事均也昔者汲黯不用于武帝司馬光不用于神宗非不用也武帝才足有為而汲黯游於清靜神宗志在恢復而司馬光專於守舊先儒曰事有大變時有大宜通其變然後可為也務其宜然後有功也漢去古未遠其井

田封建六官可復也艱苟一言及之武帝未必無爲也從曰內多慾而外施仁義直則直矣如諷諫之道何善乎董曰漢得天下以來常欲治而至今不可治者失之當更化而不更化也其達治權者乎宋北鄰契丹而西拒元昊中國之大患也光苟一謀及之則神宗未必無從也惟曰祖宗之法不可變正則正矣如恢復之道何善乎韓琦曰當今以和好爲權宜戰守爲實

務請繕甲厲兵營脩洛都密定討伐之計、
其知治幾者、乎洪惟我
國家大一統之治制作酌三代之宜然亦不
敢不盡其愚謹條復古者一、法
祖者四更化者二爲執事陳昔文王都豐武王
遷于鎬詩曰豐水有芑武王豈不仕成王
遷洛未幾惟周公東居后命君陳曰尹茲
東夏命畢公曰保釐東郊未聞鎬洛二邑
並建百官也我

太宗遷都于燕西北免金革之擾東南饒衽席之安誠萬世之業也矧

八陵永定

宗支布滿乎愚謂南都百官誠可去也擇一大臣如周之保釐可也若謂南都事劇則古未聞兩建百官而後事緝惟在處置得宜爾

國初太學之規生徒以優劣爲堂之升降以升降爲選之先後多者十餘年少者不下

七八年故屢薦有道而豪傑輩出今之歲貢果若人乎夫士養不素而援用一旦猶不琢玉而求文采故欲盡歲貢當復學規欲復學規先當師儒禮曰三王四代惟其師此之謂乎天地合而百物生上下交而德業成我

祖宗或

御齋室則宋濂侍或

御東閣則章溢陶安侍或

御萬歲山則胡廣金幼孜諸臣侍今願卿佐
以時便見則情義通而忠佞自著講官分
班直宿則
顧問備而緩急有人科道得以面
奏則志意達而是非易明此四者成憲克遵
之要務也漢之諸侯封以土地故其患在
强大而不分今之
藩國給以祿米故其患在衆多而不合蓋地
分則易弱祿合則易辨釋今不爲之所將

來必有難給之患矣清戎之弊四法久弊生也遠籍亡老務不堪存恤無方故屢清屢逋無益於兵徒損於民也愚意邊方或不可動餘清而存者存之可也其未清者就令戍之本地庶逃無所之匿無所止地利人情兩便而行伍亦受實用若邊方之策則尚有可圖而未及也嗚呼此標格耳若夫立天下之大本振天下之大綱回渾厚平靜之福以成雍穆協和之治則幸有

聖君賢輔在愚何敢

雲貴鄉試錄後序

臣經繹曰父乾母坤氣渾渾矣神凝物備知烱烱矣率庸迪良道彌彌矣因天則地以錫人極敎郁郁矣時敏載采以馮翼邦國士詵詵矣是故學以尊敎敎以會道道以成

性性以全天是謂一本故曰
降衷下民肴有恒性克綏厥
猷惟后維
皇憲天丕承道教敷敬一于萬邦
草木賁肴矧玆綏髦
制三祀藩賔士以升于宗伯惟雲
以貴附得士合五十有五肴

曰才夥弗夥也嗚呼有是哉
古秦黔也厥山金碧厥水明
地則同矣厥貢齒羽金貝瑱
珀物則奇矣士獨弗同弗奇
何哉嗚呼士奮庸哉吳楚越
閩巴者春秋外弗予令天下
稱多士則恒若地產也是故

勝不在地惟人則名人無求
方惟賢則良賢不易性惟習
乃成習罔自更惟傑斯興是
故賢胥淑于士士胥淑于氓
于戎于夷獠斯颯颯乎天下
倘仲矣昔者文王亦西夷人
也詩云儀刑文王萬邦作孚

夫非盡地之民哉雲民勤而
勇貴民儉而樸是故可導可
作可示可琢導勤以善則不
佚而業脩作勇以義則不競
而氣緝示儉以禮則不鄙而
度坊琢樸以文則不野而俗
雅故士良弗辥司士之不忠

舉而良弗影曰士之不習是
故默運之樞存乎道變動之
幾存乎風從又存乎化不爲
氣勝習奪而特立獨行存乎
志敬業而脩來存乎學强立
而動衆化民存乎大成詩云
周王壽考遐不作人

兵部車駕清吏司主事臣胡

經謹序

第三甲二百二十七名

賜同進士出身

馮天馭

貫湖廣黃州府蘄州民籍 國子生

治書經字應房行一年三十三七月二十日生

曾祖英 祖翱耆 父鵬監生 母陳氏

慈侍下 弟天駿 娶張氏

湖廣鄉試第五十九名 會試第一百十五名

毛騏

貫山東萊州府掖縣民籍 [illegible]

治春秋字世節行二年四十一六月初三日生

曾祖福英[illegible] [illegible]旻[illegible] [illegible]紀[illegible] 母[illegible]氏[illegible]

嚴侍下兄荃[illegible] 弟[illegible] 娶畢氏 繼娶蔡氏侯氏

山東鄉試第九名 會試第二百八十名

章甫

貫武驤左衛軍籍直隸常州府武進縣人 國子生

治詩經字[illegible]甫行一年四十二十一月十三日生

曾祖玉 祖鎰 父明 母金氏

永感下 弟[illegible] 娶馮氏

順天府鄉試第十一名 會試第八十名

竇潤 貫直隸滁州衛軍籍 國子生

治易經字子雨行一年四十四七月十八日生

曾祖寄生 祖盛 父欽 母黃氏 繼母賈氏

具慶下 弟漢 淳 娶姜氏

應天府鄉試第一百三十四名 會試第一百七十九名

鄭一統 貫廣東潮州府揭陽縣軍籍 縣學生

治書經字朝慶行一年二十七五月十四日生

曾祖克永 祖宜賑 父陽春 母劉氏

具慶下 弟一緒 一紘 一維 娶陳氏

廣東鄉試第三十名 會試第八十八名

陳元珂

貫福建福州府閩清縣民籍[illegible]

治春秋字仲蔚行五年三十一十月初九

曾祖宗坦　祖聰　父良策　母吳氏

具慶下　弟元琰　娶鄭氏

福建鄉試第四十二名　會試第一百三十二名

陳椿

貫直隸蘇州府長洲縣民籍吳江縣人國子生

治易經字子年行二年三十八十月十四日生

曾祖珪壽官　祖銓　父澐醫學訓科　母顧氏

具慶下　兄貫壽官　弟榔桐槐敉榻楷桷棐李枌樾　娶陸氏

應天府鄉試第七十五名　會試第九十名

薛孟 貫浙江嘉興府嘉善縣民籍 國子生

治書經字惟亞行四年三十九五月十五日生

曾祖圭 祖瑜義官 父寅典膳 母陶氏

具慶下兄學典膳 學顏 弟學[illegible] 學乘俱監生 學厚 學存 學孝 學教 娶唐氏繼娶沈氏

順天府鄉試第三十三名 會試第一百名

許復禮 貫河南彰德府安陽縣民籍 學生

治詩經字仁甫行一年三十二八月初七日生

曾祖坦贈知縣 祖顯 父懷 母劉氏

具慶下 兄復始 復初 娶趙氏 繼娶[illegible]氏

河南鄉試第三十八名 會試第二百四[illegible]

翁璨

貫直隸松江府上海縣竈籍

治詩經字德輝行一年四十三七月二十

曾祖叔美　祖震　父經　母顧氏

重慶下　弟　瑤　璪　璋　璧　瑚　璉　娶俞氏

應天府鄉試第四十四名　會試第一百九十四名

江中躍

貫四川重慶府巴縣民籍　府學生

治詩經字從之行五年二十一六月二十六日生

曾祖熙暕

祖遂良封奉議大夫刑部郎中　父玠布政司左參政　嫡母李氏封宜人　生母章氏

具慶下　兄中孚知州　中龍　中鵬　中羲　中學　中吉　中淵　中義　中曉　弟中略　娶劉氏　繼娶胡氏

四川鄉試第六十一名　會試第八十七名

沈夢鯉 貫浙江紹興府山陰縣民籍 國子生

治詩經字龍卿行一年三十六九月二十八日生

曾祖淙 祖輔 父若 母余氏 繼母蕭氏

重慶下弟夢麟夢熊夢龍夢鯨夢鹿夢鵬夢鰲夢相夢象 娶孫氏

浙江鄉試第六十六名 會試第二十名

姚良弼 貫武功中衛匠籍浙江錢塘縣人 府學增廣生

治易經字夢賢行二年二十八正月初四日生

曾祖慶 祖福壽官 父鉞壽官 前母章氏 嫡母侯氏 生母吳氏

具慶下 兄良相 娶章氏 繼娶龍氏

順天府鄉試第六十七名 會試第一百七十[illegible]

陳天然 貫廣東瓊州府瓊山縣民籍
治詩經字汝中行五年三十十一月二十六日生
曾祖才望 祖徵 父瑞壽官 母孫氏 生母吳氏
具慶下 兄天祺 天祜 天祐 弟天熙 娶王氏
廣東鄉試第五十二名 會試第一百十八名

劉佐 貫山東濟南府德州民籍 國子生
治春秋字才甫行一年三十二四月二十九日生
曾祖鑑 祖玉 父福 母張氏
重慶下 弟禮 儒 份 娶賀氏
山東鄉試第七十二名 會試第五十二名

施千祥 貫福建福州府福清縣鹽籍 國子生

治詩經字善徵行三年三十二十一月初十日生

曾祖恭 祖瑩 父仁俊 母方氏

具慶下 兄千福 千祿 弟千祐 千祚 娶薛氏

福建鄉試第七十八名 會試第二百十四名

周世昭 貫廣東瓊州府瓊山縣民籍 縣學附學生

治詩經字景服行一年三十五十一月二十五日生

曾祖鼎 壽官 祖厚 壽官 父仲良 士貞 母黃氏 繼母曾氏

慈侍下 弟世述 娶李氏 繼娶海氏

廣東鄉試第十一名 會試第一百一名

陳天資 貫廣東潮州府饒平縣竈籍

治春秋字汝學行一年三十三十二月二十五日生

曾祖永福 祖桓功 父經申 母范氏

嚴侍下 弟天德天開天乙 娶鄭氏 繼娶黃氏

廣東鄉試第五名 會試第一百七十名

蕭體元 貫江西吉安府泰和縣人河南南陽府新野縣民籍國子生

治書經字善復行二年三十八十一月二十二日生

曾祖孔資教諭 祖聰教諭 父麟知縣 母朱氏 繼母李氏

具慶下 弟慶元 娶曹氏

河南鄉試第八十名 會試第二百四十一名

宋淳

貫浙江衢州府開化縣民籍 縣學生

治易經字德完行五年二十九八月十九日生

曾祖進 祖謙 父鴻教授 母吾氏

慈侍下兄澄 清 溏 弟滋 漢 娶汪氏

浙江鄉試第四十五名 會試第四十四名

蒲澤

貫陝西西安府咸寧縣民籍 府學增廣生

治易經字仁伯行三年三十一十月二十九日生

曾祖彥清 祖壽 父隆 母王氏 繼母曹氏

嚴侍下 兄 海 源 娶劉氏

陝西鄉試第十一名 會試第十二

黃雲　貫陝西西安府咸寧縣匠籍　縣學生
治易經字叔卿行三年二十八十一月初十日
曾祖榮　祖銘　父臣　母李氏
具慶下　兄震　霑　娶李氏
陝西鄉試第五十三名　會試第二百十名

戴鰲　貫浙江寧波府鄞縣軍籍　國子生
治易經字時化行八年三十八十一月初二日生
曾祖鍾封承德郎府通判　祖浩知府進階亞中大夫　父檟教諭封奉直大夫刑部員外郎加四品服　母杜氏封宜人
具慶下　兄鱀中憲大夫知府　[illegible]七品京州同知前[illegible]按察司僉事　[illegible]按察司僉事　娶陳氏
浙江鄉試第三十五名　會試第五十五名

劉棟 貫直隸河間府任丘縣軍籍 縣學附學生

治詩經字白隆行一年二十四正月二十七日生

曾祖惠 祖淮典史 父珏引禮 母蘇氏

重慶下 娶呂氏

順天府鄉試第三十一名 會試第二百四十九名

曹嗣榮 貫直隸松江府華亭縣民籍 國子生

治書經字繩之行二年四十七四月二十二日生

曾祖琦封刑部主事 祖雍按察司僉事 父鳳 母吳氏

具慶下 兄嗣恩 娶夏氏 繼娶陸氏

應天府鄉試第二十二名 會試第二百八名

康朗

貫福建泉州府惠安縣民籍　縣

治易經字用晦行一年二十八七月二十日生

曾祖瓛　祖栢　父昊　前母周氏　母周氏

具慶下弟翔　瑚　娶謝氏　繼娶謝氏　連氏

福建鄉試第十二名　會試第三十四名

胡汝霖

貫四川成都府綿州民籍　州學附學生

治書經字仲望行三年二十四閏五月二十七日生

曾祖清贈承德郎　祖蘭審理正　父秉中教授　前母古氏　母栗氏

具慶下兄汝賢　汝翼前科進士　汝衍　汝爲　弟汝濟　汝楫　汝梅　娶劉氏　繼娶聶氏

四川鄉試第一名　會試第三十名

張祜

貫雲南木邑衛官籍河南南陽府人 國子生

治書經字元秩行一年三十八七月十九日生

曾祖瑀 副千戶 祖康 父鍾 壽官 母杜氏

嚴侍下 弟愻 懋 娶阮氏

雲貴鄉試第四十五名 會試第一百七十四名

楊祜

貫四川成都府內江縣民籍 縣學附學生

治詩經字受夫行一年二十五三月初二日生

曾祖雍 貢士 祖浩 省祭官 父廷恭 母[illegible]氏

具慶下 弟橋 柞 娶張氏

四川鄉試第九名 會試第

吳藩　貫直隸滁州全椒縣民籍　國子生

治詩經字价甫行二年四十九六月十八日生

曾祖郢　祖顯教諭　父驥訓導　母樂氏

慈侍下　兄藻　娶楊氏

應天府鄉試第八名　會試第一百十一名

吳九經　貫浙江金華府永康縣民籍　歲貢生

治書經字子誠行一年三十五九月十八日生

曾祖瑨　祖威　父海　母李氏

永感下　弟九疇　九峯　九霄　娶王氏

順天府鄉試第五十三名　會試第一百三十四名

許福

貫福建泉州府同安縣軍籍 國子生

治詩經字堯錫行五年四十一十一月十五日生

曾祖時嘉 祖純陽壽官 父良絢 前母李氏 母黃氏

慈侍下兄甬 徵 宮 羽 娶陳氏

福建鄉試第六名 會試第十五名

周天佐

貫福建泉州府晉江縣民籍 府學附學生

治易經字字弼行五年二十三十月初六日生

曾祖希顏 祖仲平 父琅 母陳氏

具慶下兄天正 天復 天申 天爵 聘吳氏

福建鄉試第五十二名 會試第二百十三名

施峻 貫浙江湖州府歸安縣民籍 國學

治易經字平甫行二年三十一正月十四日生

曾祖譙知縣 祖瑄書官 父鎧 母董氏

具慶下 兄嵩 弟嶔 嵎 娶沈氏

浙江鄉試第八名 會試第三十七名

李維藩 貫山西遼州民籍 州學生

治春秋字子价行一年三十十二月二十七日生

曾祖祥 祖順 父英 母范氏 繼母劉氏

慈侍下 弟維垣維屏維翰維城 娶裴氏 繼娶韓氏

山西鄉試第五名 會試第五名

顧廉 貫浙江紹興府餘姚縣民籍 縣學增廣生

治禮記字惟簡行一年三十一七月十五日生

曾祖駿（贈府通判） 祖蘭（府同知） 父達 母徐氏 繼母錢氏

重慶下 弟文京 來 廉府序 奕 廉 娶邵氏

浙江鄉試第三十名 會試第四名

林庭機 貫福建福州府閩縣儒籍 國子生

治春秋字利仁行十年三十五月初四日生

曾祖觀（[illegible]） 祖元美（[illegible]） 父瀚（[illegible]） 嫡母黃氏（[illegible]） 生母朱氏

慈侍下 兄庭[illegible] 娶[illegible]氏

福建鄉試第十一名 會試第二百十八名

趙崇信 貫廣東廣州府順德縣民籍 國子生

治詩經字仲履行一年四十二 十月初五日生

曾祖不側 祖善敬 父汝旻 母周氏

嚴侍下 弟崇祿 崇彥 娶黎氏

廣東鄉試第七十三名 會試第二百九十名

劉尚義 貫山西汾州軍籍 州學生

治書經字伯正行一年三十七 十月十六日生

曾祖翥 祖志知縣 父世芳縣丞 母朱氏

慈侍下 弟尚禮 娶宋氏

山西鄉試第五十七名 會試第九十四名

唐順　貫山西太原府陽曲縣軍籍　府學生

治易經字子觀行五年二十六九月十二日生

曾祖誠知縣贈文林郎　祖希介按察司副使階亞中大夫　父泌監生　母張氏　繼母張氏

重慶下　兄中　寰　兕　觀　弟巽　娶許氏

山西鄉試第十四名　會試第五十八名

王達　貫山東濟南府濱州民籍　國子生

治書經字子泉行二年三十九五月二十四日生

曾祖思誠　祖恭　父政　母韓氏

慈侍下　兄逵　朝　輔　弟通　适　娶趙氏

山東鄉試第二名　會試第一百十三名

邵南

貫浙江湖州府烏程縣民籍　國子生

治詩經字文化行二年四十八十一月十四日生

曾祖瑛縣丞　祖夔　父豫　母殳氏

慈侍下　兄棠　娶張氏

浙江鄉試第七十四名　會試第三百六名

來聘

貫陝西西安府三原縣軍籍　國子生

治詩經字安國行二年三十五五月初六日生

曾祖爾　祖鐙　父時顯壽官　母馮氏　繼母焦氏

具慶下　兄朝　弟賀貢士　選　迎　徵　賓　娶王氏

陝西鄉試第五十七名　會試第一百十六名

何彥

貫廣東廣州府順德縣民籍 福建惠安縣學教諭

治詩經字善充行一年四十二十一月十二日生

曾祖勢亮 祖璉 父千之 母麥氏

具慶下 弟銘 錯 鏞 銓 鎮 娶黃氏

廣東鄉試第十三名 會試第二百十七名

舒汀

貫福建福州府侯官縣民籍 縣學生

治易經字紹安行一年三十八閏十一月初一日生

曾祖德懋 祖坦 父欽 母趙氏

永感下 兄淮 江 弟陽和 娶李氏

福建鄉試第八十九名 會試第二百四十八名

楊守約 貫彭城衛籍湖廣長沙縣人 國子生

治易經字允中行三年二十六三月十八日生

曾祖福 祖勝 贈通議大夫右副都御史 祖春 贈中憲大夫右僉都御史 加贈通議大夫右副都御史 父志學 通議大夫刑部右侍郎 前母王氏 贈淑人 母陳氏 贈淑人

嚴侍下 兄守惠 奉議大夫工部員外郎 弟守默 守魯 守謙 守樸 守和 守介 娶潘氏 繼娶范氏

湖廣鄉試第九十一名 會試第二百二十七名

范之箴 貫浙江嘉興府秀水縣民籍 府學生

治書經字從敬行四年十九三月二十七日生

曾祖麟 祖璦 縣丞 父韶 母姚氏

重慶下 兄承恩 承儒 之寧 弟之應 之翰 之樂 之道 之義 之期 之勇 之忠 之齊 承孝 之交 娶龔氏

浙江鄉試第六十四名 會試第二十四名

高時　貫浙江杭州府臨安縣民籍　歲貢生

治易經字中行行十八年三十正月初一日生

曾祖澄浩義官　祖良毓義官　父文華　母童氏

具慶下　兄圻陞　弟埛法陞陵閑野陞　娶胡氏

順天府鄉試第七十名　會試第一百七十六名

陳紹　貫浙江紹興府上虞縣民籍　國子生

治易經字用光行八年三十五十一月二十日生

曾祖滂　祖頊　父逑　母嚴氏

具慶下　兄緒　弟維　縡　綰　娶鍾氏

浙江鄉試第五十一名　會試第一百九十名

趙大佑 貫浙江台州府太[illegible] [illegible]學

治春秋字世胤行一年二十六六月十一日生

曾祖堅 祖崇賢知州 父相 母王氏

重慶下 弟大佃 大佶 娶牟氏

浙江鄉試第七十二名 會試第十六名

蔡其潮 貫浙江嘉興府海鹽縣民籍 國子生

治易經字時信行十四年四十五正月二十六日生

曾祖富壽官 祖全 父珙 母徐氏

慈侍下 兄斡濢聿闈岦異相松阜早高嶷弟濱商裔南潤佳壽淶涪濱 娶姚氏

浙江鄉試第五十四名 會試第一百五十名

趙應祥　貫湖廣長沙衛官籍　國子生
治書經字伯徵行一年三十三十二月二十二日生
曾祖庸百戶　祖綱百戶　父瑢百戶　母馬氏
具慶下　弟應期　應亨　應韶　應奎　應昌　娶胡氏
湖廣鄉試第六十二名　會試第二百八十二名

李夢祥　貫湖廣荊州府監利縣軍籍　附學生
治易經字幼徵行二年三十六月初九日生
曾祖清　祖彥經義官　父徊　母吳氏
慈侍下　兄夢璽　娶呂氏
湖廣鄉試第二十二名　會試第二百三十六名

錢應揚 貫浙江紹興府餘姚縣民籍 國子生

治書經字俊民行一年三十二八月二十九日生

曾祖瑛教官 祖裕 父紳 母楊氏

具慶下 弟應宿 應敎 應乾 應阜 應範 應奭 應契 應奎 娶潘氏 繼娶孫氏 繼聘王氏

浙江鄉試第八名 會試第六名

黃廷用 貫福建興化府莆田縣民籍 國子生

治書經字汝行行三年三十六正月二十九日生

曾祖澍 祖甘霖 父德卿 母鄭氏

永感下 兄廷宣按察司僉事 廷義 廷禮 弟廷良 廷本 廷楫 廷陳 廷紀 娶宋氏

福建鄉試第三十二名 會試第一百三十七名

焦璉 貫順天府涿州民籍 州學生

治禮記字子重行一年二十八七月二十八日生

曾祖昇 祖森訓導 父鏜 母馬氏 繼母尚氏 謝氏

具慶下 兄瑞 環 弟珙 璨 玳 珉 娶梁氏 繼娶李氏

順天府鄉試第二十名 會試第一百二十三名

奚良輔 貫直隸松江府上海縣民籍 縣學生

治詩經字世卿行一年三十四六月十七日生

曾祖暹 祖倫壽官 父欽 母吳氏 繼母吳氏

具慶下 弟良弼 良翼 娶唐氏

應天府鄉試第四十六名 會試第二百六十名

徐緝
貫浙江紹興府山陰縣軍籍　官[illegible]
治詩經字文熙行四十五年三十五六月初六日生
曾祖叔瑾　祖鋼　父懌　母孫氏
嚴侍下　弟綜　娶翁氏
浙江鄉試第六十八名　會試第八十九名

楊上林
貫直隸淮安府山陽縣民籍　國子生
治禮記字子漸行一年三十六正月十七日生
曾祖昂　祖遇　父榮 壽官　母樊氏 繼母王氏張氏
具慶下　兄鸞　弟鰲　鯨　上棟　樴　植　娶戴氏
應天府鄉試第八十七名　會試第二百九十八名

王導 貫四川順慶府南充縣民籍 國子生
治易經字子法行一年二十八九月二十二日生
曾祖昺壽官 祖商 父希德訓導 母任氏
具慶下 兄選 遷 達 瑶 諧 廷監察御史 弟追 郁貢士 遴 謙 述 娶韓氏
四川鄉試第三十五名 會試第一百八十三名

汪集 貫江西南昌府進賢縣軍籍 附學生
治詩經字惟義行四年二十四八月十三日生
曾祖季顒 祖深知縣 父旦 前母萬氏 繼母周氏 生母萬氏
具慶下 兄桂 楫 弟棐 案 娶葉氏
江西鄉試第七十一名 會試第一百八十二名

温學舜 貫福建泉州府晉江縣軍籍 國子生

治易經字憲繞行一年三十三九月初三日生

曾祖良 中書舍人 祖玉 訓導 父夔 母蔡氏

具慶下 弟學周 學閔 娶李氏

福建鄉試第四十名 會試第二百七十六名

羅椿枝 貫浙江嚴州府桐廬縣匠籍 國子生

治書經字日新行二年三十二四月初五日生

曾祖永明 祖儒 訓導 父翔鳳 母陳氏 繼母朱氏

具慶下 兄桂枝 弟楠枝 橡枝 松枝 娶張氏 繼聘姚氏

浙江鄉試第七十八名 會試第三百四名

盧璘
貫浙江紹興府餘姚縣匠籍　縣學附學生
治易經字秀夫行四年三十二三月二十七日生
曾祖德清　祖敏政　父斗南　前母黃氏　母舒氏
具慶下　兄望　弟時　理　娶諸氏
浙江鄉試第三十名　會試第十二名

鮑龍
貫浙江杭州府臨安縣民籍　國子生
治易經字汝化行十年三十五八月十六日生
曾祖仁　祖觀　父珵　母蔣氏
嚴侍下　兄鸞　鳳　鵬　鯨　娶鈄
浙江鄉試第五十五名　會試第二十名

馬九德 貫直隸德州衛軍籍山東青州府壽光縣人 州學生

治詩經字子懋行二年二十四正月初七日生

曾祖雄 祖昌 父亨衢知縣 母焦氏

具慶下 兄九皐 弟九鼎 九疇 九遷 九萬 九功 九淵 娶王氏

順天府鄉試第十二名 會試第十名

楊時秀 貫直隸鳳陽府懷遠縣民籍 縣學生

治春秋字叔茂行三年三十八四月初十日生

曾祖銑 祖成 父賓教諭 母張氏

具慶下 兄堂 奎 娶徐氏

應天府鄉試第十名 會試第六十一名

張舜臣 貫山東濟南府章丘縣軍籍 國子生

治詩經字懋伯行二年三十一十月二十七日生

曾祖恂 祖銳 義官 父嵘 義官 前母王氏 母劉氏

具慶下 兄堯臣 省祭官 娶魏氏

山東鄉試第二名 會試第二百五十一名

吳鏌 貫福建福州府長樂縣民籍 國子生

治詩經字利用行五年二十七八月二十四日生

曾祖彬 祖炳 壽官 父璽 母高氏 繼母高氏

具慶下 兄釗鈐鏘 弟鑄鈗鑾錦鑑鐸 娶鄭氏繼娶黃氏

福建鄉試第五十四名 會試第二百二十五名

戴夢桂　貫山東濟南府濟陽縣軍籍　國子生

治書經字仲芳行二年三十九十二月十七日生

曾祖景忠　祖楨　父禮知縣　嫡母李氏　生母張氏

慈侍下　兄夢賢主簿　娶郭氏　繼娶劉氏

山東鄉試第八名　會試第四十二名

劉大直　貫四川寧川衛軍籍成都府華陽縣人　國子生

治詩經字養浩行二年三十四九月二十四日生

曾祖晟　祖志宏　父佐壽官　母袁氏

具慶下　兄大正　弟大宜　大立　大全　娶王氏

四川鄉試第二十五名　會試第一百三十三名

王崇冠 貫山西太原府榆次縣軍籍 縣學生
治詩經字雅夫行二年二十八十二月二十五日生
曾祖軏 祖景春 父明 前母原氏 母賈氏
慈侍下 兄崇仁 娶郝氏 繼娶張氏
山西鄉試第六名 會試第二百一名

薛應旂 貫直隸常州府武進縣民籍 國子生
治詩經字仲常行二年三十六十一月初四日生
曾祖瑞 祖鋏 父鄉 母史氏 繼母吳氏
具慶下 兄應廷 弟應辰 邦臣 應嘉 娶馮氏
應天府鄉試第九十名 會試第二名

周尚忠 貫直隸河間府景州吳橋縣民籍 國子生

治詩經字伯顯行二年三十五二月二十五日生

曾祖政 祖裕陰陽官 父冕壽官 嫡母牟氏 生母李氏

具慶下 兄尚志貢士 弟尚勤 尚友 尚恩 娶王氏

順天府鄉試第五十二名 會試第二十七名

顧承芳 貫直隸鳳陽府臨淮縣民籍 國子生

治禮記字子譽行一年三十九六月十七日生

曾祖震順天府治中贈通議大夫都察院右副都御史 祖佐資善大夫户部尚書贈太子太保 父伯謙貢士 母康氏

永感下 弟承恩 承德 承勛 承忠 承志 承顔 承順 承緒 承顯 娶蔡氏 繼娶潘氏

應天府鄉試第四名 會試第二百八十七名

郭鎜　貫山西澤州高平縣民籍　國子生

治春秋字允新行四年三十三十二月初三日生

曾祖質 知州　祖定 知州　父城 判　母李氏

嚴侍下　兄鑾 貢士 鋆 行人 釜　弟鑒 同科進士 鏨 鎣 鎏 鑑　娶趙氏

山西鄉試第六十四名　會試第二百四十二名

胡崇德　貫浙江紹興府餘姚縣竈籍　國子生

治書經字伯賢行二十三年三十十一月初五日生

曾祖宜孫　祖紹　父丙　母童氏

慈侍下　兄崇元 崇仁 崇政 崇儉 崇禮　弟崇學 崇智　娶岑氏

浙江鄉試第九十名　會試第三百十二名

翁五倫 貫浙江紹興府蕭山縣民籍 附學生

治書經字大經行一年二十九七月十八日生

曾祖秉 祖文訓導 父堯 母蕭氏

重慶下 弟五常五章五言五音 娶徐氏 繼娶張氏

浙江鄉試第七十名 會試第一百五十二名

黎堯勳 貫四川潼川州樂至縣民籍 國子生

治詩經字子欽行一年三十三九月十六日生

曾祖希賢壽官 祖禎壽官 父邦屏 母趙氏

重慶下 弟堯華 堯鄰 娶張氏

四川鄉試第十五名 會試第二百五十六名

高崶 貫雲南大理衛軍籍四川成都府汶川縣人 國子生

治春秋字仲龍行二年三十七九月初九日生

曾祖德 祖信壽官 父昂知縣 母周氏

嚴侍下 兄鵬崧 弟岐貢士 岑峒峨 娶熊氏 繼娶錢氏

雲貴鄉試第十六名 會試第一百十七名

余爌 貫江西饒州府樂平縣民籍 國子生

治詩經字德明行四年三十一七月二十七日生

曾祖壽增 祖榮福 父豸 母彭氏

具慶下 弟炯貢士 煇 熾 娶李氏

江西鄉試第十八名 會試第二百二十一名

陳鳳 貫南京留守後衛官籍浙江紹興府會稽縣人 國子生

治詩經字羽伯行一年三十四九月十三日生

曾祖[木豊] 祖琳 父綱 前母黃氏 母徐氏 繼母魏氏

具慶下 娶李氏

應天府鄉試第七名 會試第二百九名

閔煦 貫直隸河間府任丘縣籍松江府上海縣人 縣學生

治詩經字和卿行三年二十九十月初十日生

曾祖琦 贈山西左布政使 祖定 贈山西左布政使 父槐 按察司副使 母顏氏 封恭人

具慶下 兄勳 義官 壽 監生 然 杰 監生 弟照 魚 娶李氏

順天府鄉試第四十六名 會試第二百三十五名

李丕顯

貫福建福州府長樂縣軍籍　直隸休寧縣教諭

治詩經字憲文行六年四十二十月十六日生

曾祖則仁　祖孟申　父德宣　母林氏　繼母陳氏

慈侍下　兄丕正　弟丕稙　丕何　丕承　丕稙　娶鄭氏　繼娶陳氏林氏

福建鄉試第七十六名　會試第二十二名

傅珮

貫浙江杭州府仁和縣匠籍　國子生

治書經字朝鳴行三年三十九十月十九日生

曾祖延定　祖得祥　父祺　母姚氏

慈侍下　兄璽　瓊　娶李氏

浙江鄉試第八十九名　會試第二十一名

謝鎰　貫直隸徽州府祁門縣民籍　國子生
治春秋字萬卿行十年三十九十月二十一日生
曾祖碩　祖玘　父傅　母王氏
慈侍下　娶胡氏
應天府鄉試第三十八名　會試第三百五名

沈良才　貫直隸揚州府泰州軍籍　國子生
治詩經字德夫行三年三十正月初一日生
曾祖源　祖儒訓導　父璁　母張氏
慈侍下　兄艮臣　良士　娶王氏
應天府鄉試第四十三名　會試第二百七十四名

張維岳　歲貢生

貫浙江杭州右衛軍籍

治易經字苑臣行一年四十一十一月初三日生

曾祖義　祖顯（遇例冠帶）　父琪（遇例冠帶）　母紫氏　繼母傅氏

具慶下　兄霆　維藩　弟維翰　維中　娶曹氏

順天府鄉試第四十七名　會試第六十六名

吳應奎

貫浙江杭州府錢塘縣民籍直隸休寧縣人　府學增廣生

治易經字汝文行一年三十二八月初一日生

曾祖福遠　祖貴誠　父玠富　母李氏

重慶下　弟應祈　應輝　應祥　應祐　應宿　娶應氏

浙江鄉試第二十二名　會試第一百九十五名

葉懋賞

貫四川綿州民籍 州學生

治書經字功父行二年四十二九月十一日生

曾祖清 祖仲李 父楚監生 母郭氏

永感下 兄懋官 弟懋和懋敬懋昭懋訓懋簡 娶陳氏

四川鄉試第三十二名 會試第二百五十五名

谷宇齡

貫河南開封府祥符縣軍籍 縣學生

治禮記字道延行一年三十二閏四月初八日生

曾祖清 祖嵩壽官 父廷臣儀賓 母新平縣主 繼母李氏

慈侍下 娶周氏

河南鄉試第一名 會試第二百六十名

朱文質 貫雲南前衛後所軍籍浙江海鹽縣人 府學生
治易經字彬甫行一年二十九五月十三日生
曾祖昂 祖俊壽官 父璽 前母毛氏 母王氏
重慶下 弟文賢 娶趙氏
雲貴鄉試第一名 會試第二百三十四名

趙統 貫陝西西安府臨潼縣軍籍 府學生
治禮記字伯一行一年三十六十月初七日生
曾祖孟巳 祖靖通判 父宗文壽官 母陳氏
具慶下 兄寧寀官守鼎鼐昂 弟景昇 娶牛氏
陝西鄉試第四名 會試第二百二十三名

陳東光

貫河南開封府鈞州匠籍　州學生

治書經字叔晦行一年二十九五月三十日生

曾祖綱　祖謙　父璣　母馬氏

具慶下　弟東輝　東漸　娶劉氏

河南鄉試第六十五名　會試第一百四十五名

顧浩

貫浙江嘉興府海鹽縣竈籍　府學生

治詩經字少雨行一年三十一二月二十一日生

曾祖廷用　祖仁　父愷　母莊氏

重慶下　弟齊　娶管氏

浙江鄉試第十八名　會試第二百七十八名

黎秀 貫江西饒州府樂平縣民籍 縣學附學生

治易經字實甫行四年三十三六月二十四日生

曾祖憲文 祖天齡 父璨 前母夏氏 母彭氏

具慶下 兄委 弟季 娶方氏

江西鄉試第七十三名 會試第二百九十二名

張堯年 貫浙江寧波府慈谿縣民籍 縣學增廣生

治詩經字紹中行七年二十八二月初一日生

曾祖恪 祖鉄 父瀾 母陳氏

具慶下 [illegible]氏

浙江鄉試第二十九名 會試第二[illegible]名

童漢臣

貫浙江杭州府錢塘縣匠籍 儒學增廣生

治易經字仲良行二年二十八三月二十三日生

曾祖斌 祖富 父偉 母沈氏

具慶下 兄舜臣 娶劉氏

浙江鄉試第十一名 會試第一百十四名

鄭芸

貫福建興化府莆田縣軍籍 縣學附學生

治詩經字士馨行一年三十一三月初七日生

曾祖傑教諭 祖[illegible] 父敬威 母李氏

具慶下 弟馥 娶楊氏

福建鄉試第三十九名 會試第一百七十三名

徐方

貫浙江紹興府餘姚縣民籍　國子生

治易經字來夫行十一年三十七十二月二十六日生

曾祖文德　祖杠　父冠　母童氏　繼母伍氏

具慶下　兄襄　雍　弟立　直　亮　齊　娶胡氏　繼娶黃氏

浙江鄉試第二十二名　會試第一百八十八名

昝如思

貫陝西西安府三原縣民籍　國子生

治易經字子學行六年二十九正月二十六日生

曾祖興宗　祖恭典史　父復性　母周氏

具慶下　兄如衡　如一　如綖　如心　如霜　娶李氏

陝西鄉試第二十一名　會試第四十六名

吳轅

貫浙江杭州府仁和縣民籍紹興府餘姚縣府學增廣

治書經字子庸行一年三十四十一月初七日生

曾祖宗海 祖志昱 父敬之 前母沈氏 母胡氏

具慶下 兄槐山 弟軾 輊 軺 軏 軫 娶卜氏

浙江鄉試第三名 會試第十七名

薛騰蛟

貫陝西西安府華州渭南縣軍籍 增廣生

治禮記字時化行二年二十五五月初二日生

曾祖迪 祖文英 父瓘書 母王氏

具慶下 兄騰霄驛丞 娶趙氏

陝西鄉試第五名 會試第二百六十五名

陳瑚 貫直隸松江府華亭縣民籍 國子生

治詩經 字汝器 行五 年三十七 九月初二日生

曾祖琮 祖寬 父旻 義官 母盛氏

具慶下 兄恩 生員 珊 憲 志 弟惠 方 兆 愈 璋 娶沈氏

應天府鄉試第七十六名 會試第一百六十八名

蕭祥曜 貫江西吉安府泰和縣民籍 縣學附學生

治書經 字文奎 行三 年二十七 七月初八日生

曾祖季脩 贈給事中 祖彥德 父甫璽 母陳氏

永感下 兄祥曦 祥暘 娶王氏

江西鄉試第二名 會試第二百六十六名

吳從義

貫福建福州府福清縣軍籍

治春秋字思忠行二年三十九二月初十

曾祖穆　祖公讓　父朝佐　母林氏

永感下　兄從周　弟從心　從嘉　從明　娶俞氏

福建鄉試第七十三名　會試第二百五十五名

向宗括

貫四川成都府資縣民籍　國子生

治易經字汝賢行一年三十九十一月三十日生

曾祖敫知府　祖[illegible]同知　父艾　母蔡氏

具慶下　弟宗啓　宗喬　宗善　宗呂　宗師　宗亨　娶熊氏

四川鄉試第八名　會試第二百六十四名

張緒 貫江西臨江府峽江縣民籍 國子生

治書經字[illegible]理行十年三十一三月初五日生

曾祖敏 按察司兵備副使 祖桂 父齊庸 母阮氏

慈侍下 兄紀 縉 統 娶袁氏 繼娶蕭氏

江西鄉試第十九名 會試第一百六十九名

王之臣 貫四川成都府內江縣民籍 國子生

治易經字敬充行三年四十七四月二十七日生

曾祖祚 祖守約 累贈封監察御史 父一言 都察院右僉都御史 母李氏 封孺

永感下 兄忠臣 信臣 弟集臣 堯臣 鼎臣

四川鄉試第二名

高節 貫陝西西安後衛官籍山東曹城縣人 國子生

治詩經字仲立行一年三十八十一月二十日生

曾祖玉百戶 祖鐸百戶 父昇百戶 母吳氏封安人 繼母唐氏

重慶下 弟第 策 娶陳氏

陝西鄉試第二名 會試第二十八名

牟朝宗 貫四川敘州府宜賓縣民籍 縣學附學生

治詩經字子一行一年二十三正月十三日生

曾祖剛 祖付英 父勤 母屈氏

慈侍下 娶李氏

四川鄉試第十一名 會試第四十一名

邵基 貫浙江紹興府餘姚縣竈籍 國子生

治書經[illegible]厚行一年三十四十月初二日生

曾祖有容 祖蒙[illegible] 父煉按察司副使 母陳氏 繼母金氏

[illegible]慶下 弟亜 娶沈氏

浙江鄉試第三十五名 會試第四十七名

王嘉元 貫四川叙州府宜賓縣民籍 國子生

治詩經字仁仲行一年二十八正月二十二日生

曾祖永羆驛丞 祖應蒿教諭 父璧 母羅氏 繼母[illegible]氏劉氏

重慶下 弟嘉輅 [illegible]魯氏

四川鄉試第五十六名 會試第一百四十二名

李檗　貫廣東肇慶府四會縣民籍　國子生

治易經字時勵行四年三十一十一月初五日生

曾祖府壽官　祖鑽義官　父永福七品散官　母羅氏

重慶下　兄梁　檠　新　弟棨　槊　柒　娶陳氏

廣東鄉試第六十名　會試第二百五名

聶靜　貫江西吉安府永豐縣民籍　縣學增廣生

治易經字子安行十一年二十九六月二十二日生

曾祖日聰　祖[illegible]治封文林郎　父洪　母張氏

具慶下　滔　除　娶王氏

江西鄉試第三十三名　會試第一百七名

馮良知

貫雲南臨安衛官籍湖廣黃陂縣人 國子生

治易經字[illegible]吾行一年三十六月初九日生

曾祖政 壽官 祖珉 父基 母朱氏

具慶下 弟良能 娶朱氏

雲貴鄉試第四十六名 會試第一百四十六名

艾朴

貫江西吉安府永豐縣民籍 縣學附學生

治易經字子文行十年二十九八月十八日生

曾祖祖望 祖瑞和 父瑞 訓導 前母鄒氏 母劉氏

具慶下 娶蕭氏

江西鄉試第十一名 會試第八十三名

王燁

貫直隸鎮江府金壇縣軍籍　縣學生

治書經字韜孟行八年三十七五月十四日生

曾祖衷　祖宏壽官　父材　母薛氏

慈侍下　兄炳　燦　焞　弟爟　熺　煉　娶歐陽氏

應天府鄉試第二名　會試第二十六名

李一龍

貫直隸松江府華亭縣軍籍　國子生

治春秋字子乾行五年三十二十月二十八日生

曾祖年　祖希賢訓導　父政恩例冠帶　母王氏

具慶下　兄傑　儒　俯　遇春　弟念　敏　倫　臣　儀　韓　超　詢　紀　綸　袞　侹　熊　奇　娶張氏

應天府鄉試第八十九名　會試第二百九十九名

王世雍 貫山東兗州府東平州汶上縣民籍 縣學生

治詩經字[illegible]治行一年三十五正月二十三日生

曾祖釗 祖岸 封知縣加贈監察御史 [illegible]贈大理寺少卿 父杲 大理寺少卿 母郭氏 累封恭人 繼母許氏 封孺人 贈恭人 李氏

具慶下 弟世熙 世泰 娶郭氏

山東鄉試第三十五名 會試第一百五十一名

劉鳳池 貫陝西西安府渭南縣軍籍 國子生

治書經字文甫行一年三十二三月二十二日生

曾祖孝徵 祖才[illegible] 父潮 母田氏

慈侍下 弟鳳山 娶任氏

陝西鄉試第八名 會試第三十六名

吳瓊

貫直隸徽州府祁門縣民籍 縣學生

治詩經字德輝行三十一年三十八七月初十日生

曾祖敬宗 祖信知縣 父文教 母許氏

永感下 娶許氏

應天府鄉試第五十六名 會試第五十四名

趙炳然

貫四川保寧府劍州民籍 國子生

治書經字子晦行二年二十九十一月十八日生

曾祖佐知縣 祖思濟 父松 母鄭氏

重慶下 兄挺然 娶王氏

四川鄉試第六十一名 會試第一百十名

許貫之

貫浙江杭州府錢塘縣民籍 國子生

治春秋字思卿行一年四十一八月初七日生

曾祖能 祖鴻 父鯨 母徐氏

慈侍下 娶沈氏

浙江鄉試第三十七名 會試第七十七名

王喬齡

貫浙江紹興府餘姚縣民籍 國子生

治書經字維岳行四十二年三十八十月初一日生

曾祖謀 祖洲 父椿 母熊氏

具慶下 弟高 嵩 娶夏氏 繼娶安氏

浙江鄉試第二十四名 會試第七十六名

汪宗凱　貫湖廣武昌府崇陽縣軍籍

治詩經字子才行二年二十八四月[illegible]

曾祖璉壽官　祖藻監生封兵部主事　父文明知縣　母楊氏

慈侍下　兄宗元行人　弟宗皐　宗伊貢士　宗名　宗夔　宗南　宗光　宗企　宗載　宗說　宗裴　娶陳氏

湖廣鄉試第三十四名　會試第六十二名

包孝　貫直隸松江府華亭縣民籍浙江嘉興縣人　縣學生

治[illegible]經字元受行十二年二十八二月二十五日生

曾祖俊封南京刑部郎中　祖[illegible]知府進階亞中大夫　父志監生　母楊氏

慈侍下　兄[illegible]　[illegible]　深　[illegible]　弟汴　治　澤　娶曹氏

應天府鄉試第六十一名　會試第一百三十八名

張輻 貫浙江紹興府山陰縣民籍 縣學生

治詩經 字文衡 行二十四 年三十九 七月十八日生

曾祖籌 祖[illegible] 父璐 母施氏

重慶下 兄軫 弟轅 轤 輜 軥 軸 娶沈氏 繼娶陳氏

浙江鄉試第十九名 會試第七十三名

曹韓 貫陝西西安府咸寧縣軍籍 府學生

治易經 字可宗 行一 年三十一 正月初七日生

曾祖福 贈行太僕寺卿 祖恭 贈行太僕寺卿 父蘭 左布政使 母王氏 封淑人

具慶下 弟韒 朝 輖 [illegible] 軿 [illegible] 娶管氏

陝西鄉試第三十九名 會試第二百二

鄭寅 貫浙江紹興府餘姚縣民籍

治易經字思敬行四年四十五七月初十

曾祖仕讓　祖叔倫　父文榮　母夏氏　繼母趙氏

慈侍下　弟憲　寬　蒙　密　宗　娶錢氏　繼娶鄒氏

浙江鄉試第十六名　會試第二百七十三名

王維禎 貫陝西西安府華州民籍　州學生

治詩經字允寧行三年二十九十一月初二日生

曾祖和　祖源　父軾　母劉氏

慈侍下　兄維藩　維祺　弟維新　維厚　娶東氏

陝西鄉試第五十一名　會試第九十六名

林應麒 貫浙江台州府僊居縣民籍 國子生

治禮記[illegible]行一年三十正月初十日生

曾祖達本 [illegible] 父堅 母王氏

慈侍下 弟應鵬 娶應氏

浙江鄉試第十名 會試第一百八十六名

趙繼孟 貫山西澤州民籍 州學附學生

治詩經字宗之行一年二十一八月初九日生

曾祖貴 祖厚 父寵 母孟氏

永感下 弟繼爵繼祖繼宗繼先 娶顏氏 繼聘李氏

山西鄉試第五十七名 會試[illegible]二[illegible]

孫昺 貫山東東昌府臨清州軍籍
治書經字尚暘行二年三十九十二月十二日
曾祖剛 祖英 父輅 母曹氏 繼母劉氏
慈侍下 兄昂 娶李氏
山東鄉試第二十二名 會試第二百八名

何允魁 貫廣東廣州府順德縣軍籍 縣學附學生
治易經字克升行三年二十七九月十六日生
曾祖榮壽官 祖[illegible]左長史 父洵義官 母鄺氏
具慶下 兄紹[illegible]戶部主事 紹科 弟紹顯組之綰之允兆 娶周氏
廣東鄉試第六十二名 會試第二百三十九名

貫直隸蘇州府吳縣民籍　國子生

錢邦彥

治詩經字治徵行一年三十六五月二十二日生

曾祖璣　祖濙陰陽學正術　父應龍陰陽學正術　母滕氏　繼母葛氏　許氏

具慶下　弟邦直　娶沈氏　繼娶仰氏

應天府鄉試第四十七名　會試第一百七十一名

汪旦

貫福建泉州府惠安縣軍籍晉江縣人　國子生

治易經字昭仲行二年三十七六月二十三日生

曾祖揚清歲貢生　祖志能七品散官　父瀚知縣　母陳氏

嚴侍下　兄曙　弟昕　娶吳氏

福建鄉試第四十名　會試第一百九十八名

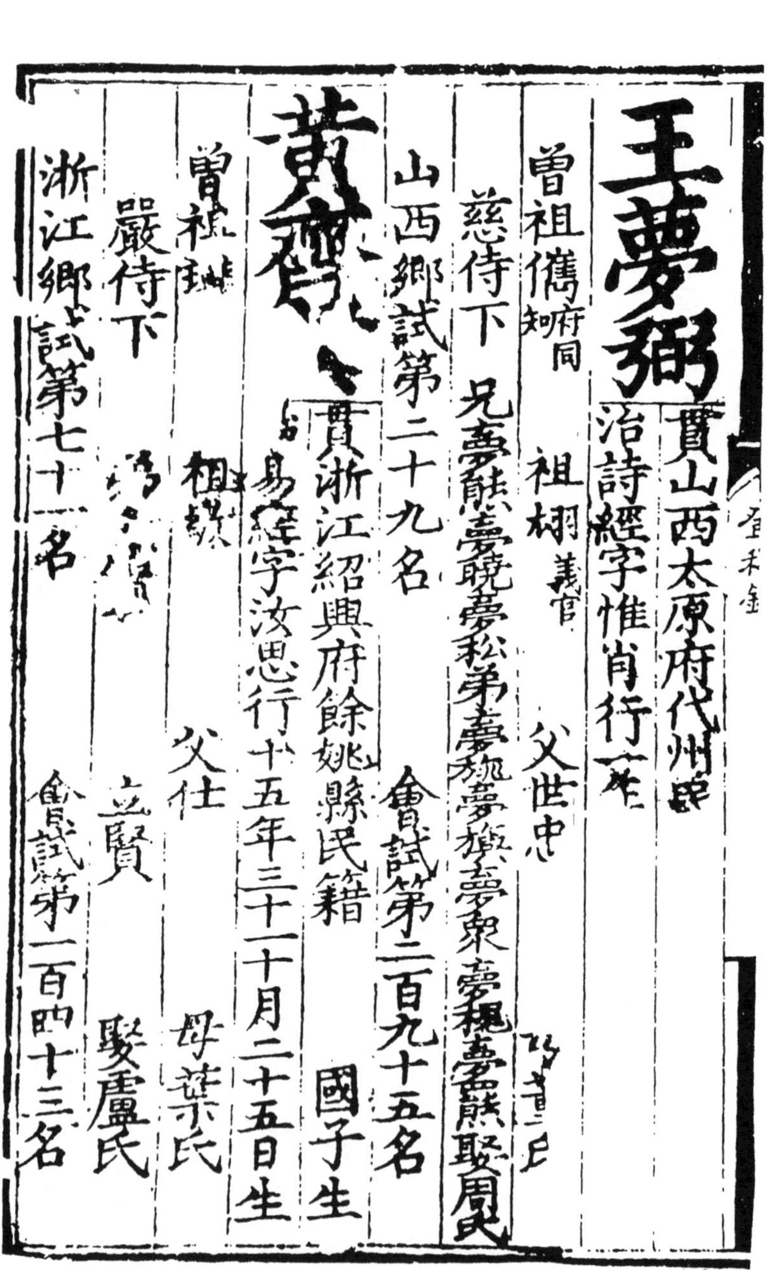

登科錄

王夢弼

貫山西太原府代州民籍

治詩經字惟肖行一年[illegible]

曾祖儁知府同知　祖栩義官　父世忠

慈侍下　兄夢熊夢曉夢松弟夢旭夢旗夢東夢魁夢麟　娶周氏

山西鄉試第二十九名　會試第二百九十五名

黄[illegible]

貫浙江紹興府餘姚縣民籍　國子生

治易經字汝思行十五年三十一十月二十五日生

曾祖[illegible]　祖[illegible]　父仕　母葉氏

嚴侍下　[illegible]　立賢　娶盧氏

浙江鄉試第七十一名　會試第一百四十三名

楊奨 貫山西平陽府解州安邑縣匠籍 國子生

治書經字懋德行三年三十七十一月十四日生

曾祖昭 祖景 義官 嫡母孫氏 生母宋氏

慈侍下 兄輅 昌 弟樊 奐 娶曹氏

山西鄉試第十六名 會試第一百四十八名

葛縉 貫山東萊州府平度州昌邑縣民籍 縣學生

治書經字仲榮行二年二十五十月二十一日生

曾祖君用 祖珍 父慶 巡檢 母王氏

具慶下 兄經 貢士 緯 紀 弟綸 紳 娶傅氏

山東鄉試第六十八名 會試第二百十一名

江應選　貫浙江衢州府常山縣民籍　國子生

治易經字尚賓行三年三十五九月二十四日生

曾祖文華　祖克畲　父鋌教諭　母汪氏

具慶下　兄應舉　祜　詢　觀瀾　尚占　良才貢士　娶何氏

浙江鄉試第六十七名　會試第一百二十二名

劉汀　貫直隸真定府冀州南宮縣民籍　縣學生

治春秋字叔南行二年二十六五月十五日生

曾祖明　祖銓壽官　父錫知縣封監察御史　母張氏封孺人

具慶下　兄濂監察御史　弟濤　藻　沱　渚　娶李氏

順天府鄉試第一百八名　會試第一百九十六名

李愈

貫山西太原府平定州軍籍　州學生

治書經字惟中行二年二十七正月十六日生

曾祖璞　祖鳳遇例冠帶　父應奎紀善　母董氏　繼母穆氏呂氏

重慶下　兄念同科進士　弟慈　稔　穀　意　感　貌　憼　憑　總　娶楊氏

山西鄉試第二十九名　會試第二百八十六名

饒相

貫廣東潮州府大埔縣民籍　府學生

治書經字志尹行一年二十四二月二十六日生

曾祖輝　祖世端　父經濟　母范氏

重慶下　弟棟　模　楷　榴　娶黃氏　繼娶黃氏

廣東鄉試第四名　會試第二百十六名

王光宇

貫山西平陽府蒲州臨晉縣民籍 國子生

治詩經字伯潛行二年二十六三月十九日生

曾祖玘 祖進 父謙益 母李氏

具慶下 兄光世 弟光宙 光宅 光庭 娶郭氏繼娶[illegible]氏

山西鄉試第十名 會試第一百五十六名

周鳳岐

貫福建建寧府浦城縣民籍 縣學生

治易經字文徵行二年二十一十月初二日生

曾祖理安 祖洪 父瑚監生 母陳氏

具慶下 兄鳳鳴監生 弟鳳儀 鳳韶 聘真氏

福建鄉試第二十三名 會試第二十八名

方介　貫直隸廬州府合肥縣軍籍　國子生

治書經字子和行一年三十九九月二十六日生

曾祖仲名　祖裕義官　父簡監生　母吳氏　繼母祁氏

慈侍下　弟念　任　合　娶湯氏　繼娶胡氏

應天府鄉試第八十五名　會試第九十七名

楊萬程　貫福建興化府莆田縣軍籍　縣學生

治詩經字志搏行一年三十四四月三十日生

曾祖朝貢　祖恒四　父國貞　母陳氏　繼母翁氏

具慶下　弟萬里　萬山　萬條　娶林氏

福建鄉試第二十名　會試第二百十二名

沈民悅 貫山西太原前衛軍籍 國子生

治詩經字惟公行一年四十四月十二日生

曾祖旺 祖清 父政義官 母張氏

永感下 娶雷氏

山西鄉試第二十名 會試第二百九十三名

楊子臣 貫四川順慶府南充縣醫籍 國子生

治詩經字維人行一年三十五四月二十一日生

曾祖洪貢士 祖言 父鉦 母羅氏

永感下 兄濟理問 澤貢士 鳳知州 [illegible] 弟順 健貢士 [illegible] 娶張氏

四川鄉試第七十名 會試第一百四十四名

王三接　貫直隸蘇州府太倉州民籍崑山縣人　州學生

治易經字汝康行三年二十九十二月初一日生

曾祖訓 壽官　祖恢 承事郎　父時暘 聽選監生　母顧氏

具慶下　兄任用 貢士　三錫 進士知州　弟三顧　三聘　三重　娶歸氏

應天府鄉試第六十六名　會試第二百五十二名

蔡大用　貫廣東潮州府海陽縣民籍　府學生

治詩經字道行行二年三十一十二月十三日生

曾祖來　祖榮福　父尾儕 壽官　前母劉氏　母黃氏

慈侍下　兄強　娶林氏

廣東鄉試第五十二名　會試第三百十三名

張良貴　貫順天府霸州文安縣軍籍　國子生

治易經字子元行一年三十五十月二十九日生

曾祖彝　祖偉　父珏主簿　母孫氏

重慶下　兄良翰良相弟良壽良忠良能良善良材良棟　娶孟氏

順天府鄉試第三十六名　會試第二百五十七名

[illegible]　貫浙江衢州府江山縣匠籍　縣學生

治易經字達和行一百十六年三十十二月十三日生

曾祖有德訓導　祖仕安　父本榮　母吳氏

具慶下　兄子禮　義子六弟子智子悌子貞子儀　娶楊氏

浙江鄉試第二十名　會試第一百十名

李泰 貫河南彰德府臨漳縣民籍 府學生

治詩經字仰山行三年二十九四月初一日生

曾祖順 祖鑑 父傅壽官 前母武氏 母楊氏

具慶下 兄蓁 泰 弟春貢士 奉 春 娶張氏

河南鄉試第六十七名 會試第一百六十六名

宿椿 貫山西瀋陽郡牧所旗籍榆次縣人 潞安府學生

治書經字孔齡行九年三十二十月初四日生

曾祖清義官 祖昭監生 父政儀賓 前母萊蕪縣主 韓氏 母劉氏繼母栗氏

具慶下 兄櫶旦俱義官 棲 松 棟生員 桭 根 材 柿 弟楷 楹 朴 梧 榛 楔 標 樟 樺 陳氏 柯 櫟 杞 娶[illegible]氏

山西鄉試第二十四名 會試第六十名

蘇應旻 貫廣東廣州府順德縣軍籍 國子生

治詩經字幼清行三年三十三十一月三十日生

曾祖鷄奉 祖子彝 父政訓導 嫡母何氏 生母許氏

慈侍下 兄應奎 應星 娶韓氏

廣東鄉試第十一名 會試第一百三十六名

陳暹 貫福建福州府閩縣民籍 縣學附學生

治春秋字德輝行九年二十三四月二十一日生

曾祖周贈監察御史 祖擬贈監察御史 父烓按察司僉事進階朝列大夫 嫡母葉氏封宜人 生母林氏

慈侍下 兄員 貢犀按察司副使 培 達巡撫山西右僉都御史 臺 進監生 娶林氏

福建鄉試第九名 會試第二百五十名

趙弘

貫河南開封府鄭州滎陽縣民籍　國子生

治易經字鳴重行一年四十一十月初七日生

曾祖寬　祖誌監生　父孔嘉　母楚氏

慈侍下　弟年　富　瑀監生　娶李氏

河南鄉試第八名　會試第一百六十二名

梁格

貫山西平陽府絳州稷山縣儒籍　國子生

治易經字君正行三年三十七九月二十九日生

曾祖東　祖鑄巡檢　父溥右長史　母姚氏

慈侍下　兄相儒官　摜　娶郝氏

山西鄉試第二十六名　會試第三百 十八名

沈垣

貫浙江嘉興府平湖縣竈籍　縣學生

治易經字子完行二十八年三十五閏七月十三日生

曾祖渭封主事　祖霖布政參議　父光監生　母倪氏

具慶下　兄堂監生　圻參政　埤　垠　垓　墨丙戌進士　埒教諭　垌　坪監生　弟地　奎　壁　基　墕　堅　墀　娶張氏

浙江鄉試第五十八名　會試第十八名

謝袞

貫直隸安慶府桐城縣軍籍　國子生

治詩經字公補行一年三十九十一月十七日生

曾祖壽典史　祖讓　父宗監生　母汪氏

具慶下　娶黃氏

應天府鄉試第三十四名　會試第二百三十八名

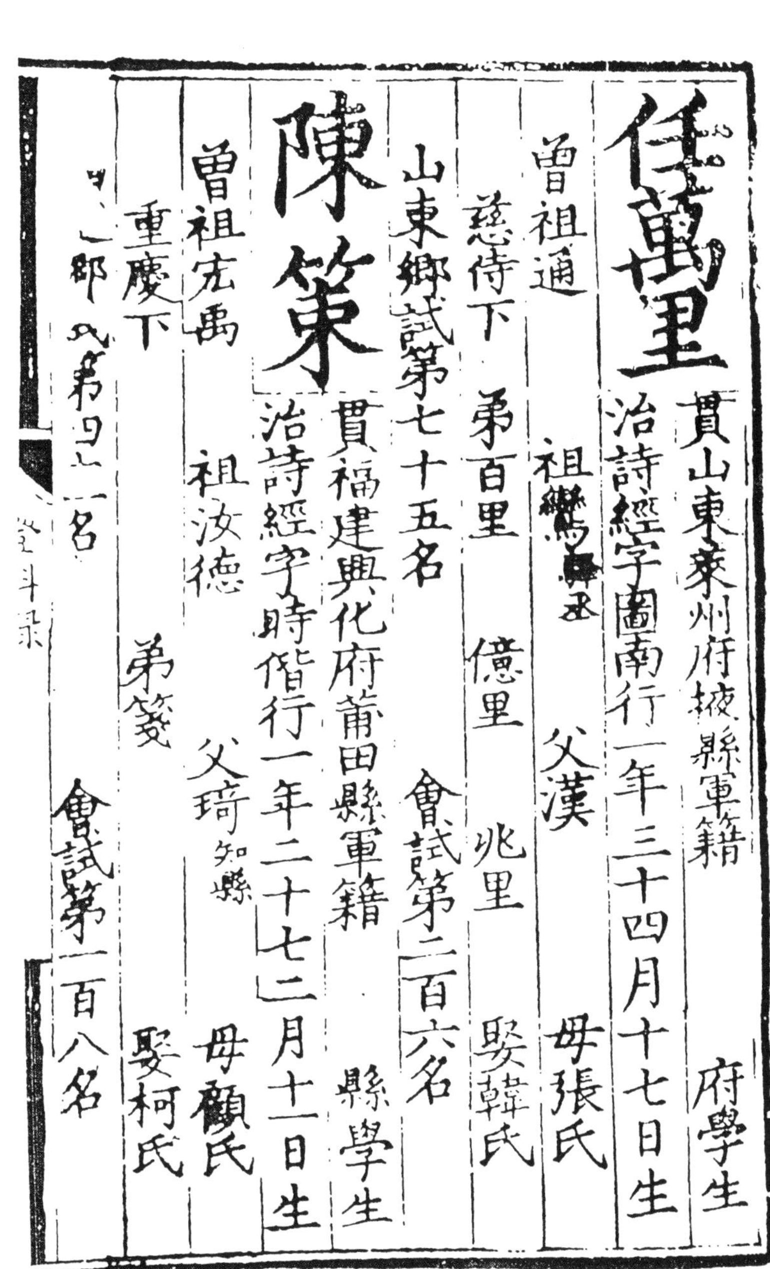

任萬里 貫山東萊州府掖縣軍籍 府學生

治詩經字圖南行一年三十四月十七日生

曾祖通 祖鸞[illegible] 父漢 母張氏

慈侍下 弟百里 億里 兆里 娶韓氏

山東鄉試第七十五名 會試第二百六名

陳策 貫福建興化府莆田縣軍籍 縣學生

治詩經字時偕行一年二十七二月十一日生

曾祖宏禹 祖汝德 父琦知縣 母顧氏

重慶下 弟箋 娶柯氏

[illegible]鄉試第[illegible]一名 會試第一百八名

陳[illegible]侍

貫福建福州府閩縣軍籍　縣學生

治易經字德隅行一年二十八二月二十九日生

曾祖伯剛　祖文衡知州　父洛　母石氏

慈侍下　兄果　弟棠　娶林氏

福建鄉試第四十六名　會試第二百二十名

李文進

貫四川重慶府巴縣民籍　縣學生

治書經字先之行三年二十八六月二十二日生

曾祖洪驛丞　祖源御史贈奉直大夫戶部員外郎　父邦奉直大夫戶部員外郎　母江氏贈宜人　繼母馬氏封宜人

具慶下　兄文[illegible]　文遂　文通　弟文邁　文遇　娶陳氏

四川鄉試第二十七名　會試第一百四名

舒遷 貫直隸徽州府黟縣民籍 縣學生

治易經字于喬行五年三十七四月十一日生

曾祖景淳 祖長生 父思忠 前母周氏 母孫氏

慈侍下 兄逸 弟進 娶江氏

應天府鄉試第一百二十五名 會試第三百二名

姚溥 貫浙江寧波府慈谿縣軍籍 國子生

治詩經字維順行九年四十四月十二日生

曾祖悌（贈都察院右副都御史） 祖垌（[illegible]事舉人） 父鏌 前母王氏 母王氏

永感下 兄津 洹 洙（左春坊左諭德） 弟沐 汲（中軍都督府都事） 娶劉氏 繼娶馬氏

浙江鄉試第四十九名 會試第一百三十九名

李念　貫山西太原府平定州軍籍　國子生

治書經字惟克行一年二十九九月初六日生

曾祖璞　祖鳳遇例冠帶　父應奎紀善　母董氏　繼母穆氏呂氏

重慶下　弟愈同科進士　慈愨稔意感懇常憑總　娶王氏

山西鄉試第二十名　會試第一百九十三名

俞則全　貫浙江紹興府新昌縣民籍　縣學增廣生

治書經字祖修行十一年二十六十月二十一日生

曾祖叔崇壽官　祖振英奉政大夫尚寶司卿　父朝宸七品散官　母王氏

具慶下　兄則廡　弟則徵　則家　娶呂氏

浙江鄉試第七十八名　會試第十四名

陳棐 貫河南開封府鄢陵縣匠籍 國子生

治禮記字汝忠行二年三十八月十三日生

曾祖永清 壽官 祖銓 封戶部主事 父溥 布政司參議進階中憲大夫 母趙氏 封安人

具慶下 弟槃 監生 鑾 監生 欒 監生 娶王氏

河南鄉試第四十三名 會試第八十二名

張永明 貫浙江湖州府烏程縣民籍 府學生

治書經字鍾誠行四年三十七九月初一日生

曾祖武 祖瓚 父傑 母史氏

慈侍下 兄永忠 永恩 永秀 監生 永惠 娶楊氏

浙江鄉試第五十七名 會試第二百名

侍祚 貫忠義後衛官籍直隸宣城縣人 國子生

治書經字子厚行三年三十一正月初五日生

曾祖敏 百戶 祖麟 百戶 父永昌 百戶 母倪氏 封安人

具慶下 兄祿 百戶 祐 娶沈氏 繼娶郝氏

順天府鄉試第一百二十名 會試第二百八十九名

李東光 貫江西南昌府南昌縣民籍 縣學生

治詩經字晉卿行一年三十九月十六日生

曾祖文忠 祖廷洋 壽官 父醇 母殷氏

慈侍下 弟東晨 娶張氏

江西鄉試第五十名 會試第一百三二名

陸子明　貫直隸常州府無錫縣軍籍　縣學生

治詩經字□良卿行三年三十一五月十三日生

曾祖昌祚　祖綸　父介教諭　前母鄧氏　母范氏

慈侍下　兄時遇例經歷　昕　娶施氏　繼娶謝氏

應天府鄉試第一百三十五名　會試第三十八名

章檗　貫浙江寧波府鄞縣民籍　縣學生

治易經字貞叔行三十四年三十四六月十九日生

曾祖經封兵科給事中　祖錡　父瀚典史　嫡母徐氏　生母朱氏

永感下　兄樺　梓　栻　楨　梧　弟檜　樞　榛　棨　來　李　娶李氏　繼娶王氏

浙江鄉試第五十六名　會試第二百八十四名

傅應詔 貫陝西漢中府南鄭縣民籍 府學生

治書經字起巖行五年三十一十二月二十日生

曾祖廷劍 祖旺 壽官 父友爵 主簿 母楊氏

重慶下 弟應詰 娶陳氏

陝西鄉試第三十八名 會試第二百二十九名

龍遂 貫江西吉安府永新縣民籍 縣學增廣生

治易經字良卿行八年二十九十月初七日生

曾祖謀 祖敷 父必合 母李氏

慈侍下 兄遙 遜 遴 弟達 遘 迪 遂 逢 娶湯氏

江西鄉試第三十八名 會試第二百十五名

吳嘉會 貫山西振武衛軍籍湖廣湘陰縣人代州學生

治書經字惟禮行八年二十四三月十七日生

曾祖貞 祖寧 父琇 母王氏

具慶下 兄[illegible] 弟[illegible] 娶張氏 繼娶[illegible]

山西鄉試第三名 會試第一百二十八名

張元 貫浙江紹興府餘姚縣官籍 縣學生

治易經字以貞行一年二十八三月十三日生

曾祖偉贈刑部主事 祖璿刑部員外郎 父遷 母蘇氏

重慶下 弟亨元 沛元 啓元 紹元 [illegible]元 立元 秉元 復元 律元 應元 泰元 娶龔氏

[illegible]試第二百三十一名

魏希佐 貫山東濟南府歷城縣人 國子生

治書經字以道行一年三十四五月二十六日生

曾祖聰 祖鑑引禮舍人 父武 母黃氏

具慶下 娶牛氏

山東鄉試第七十名 會試第一百八十五名

王希賢 貫山東濟南府濟陽縣軍籍 國子生

治書經字行復行一年四十二十二月十五日生

曾祖有才 祖泰 父鼐 母蕭氏

慈侍下 娶楊氏

山東鄉試第二十九名 會試第一百二十四名

陳中 貫湖廣承天府沔陽州軍匠籍 州學生
治詩經字時仲行一年三十五四月三十日生
曾祖讓 祖斌 父紳教諭 母葉氏 繼母蕭氏
具慶下 弟章 卓 娶司氏
湖廣鄉試第二十名 會試第二百五十四名

廖世魁 貫福建福州府懷安縣匠籍 縣學生
治易經字師文行六年三十七十月十六日生
曾祖法 祖華 父肅 母葉氏
重慶下 凡世昭博士 世奇 世經 世美 娶陳氏 繼聘鄧氏
福建鄉試第三十二名 會試第一百十九名

古叔元

貫陝西西安府咸寧縣軍籍

治易經字允卿行一年二十二四月十九日生

曾祖璉封戶部主事累贈通議大夫兵部左侍郎　祖汝楫進士知縣　父佑　母俞氏

重慶下　弟[illegible]娶王氏

陝西鄉試第四十三名　會試第一白三十五名

黃文炳

貫福建興化府莆田縣民籍　國子生

治書經字以約行十年四十三九月十四日生

曾祖弘琢　祖宗信　父敬甫　母張氏

重慶下　兄景欽景誠懋恩知縣　弟文蔚文範　娶林氏

福建鄉試第八名　會試第一百六十四名

李世芳　貫山西潞安府黎城縣軍籍　縣學生

治詩經字伯傳行一年三十一正月十五日生

曾祖浩　祖英　父讌　母劉氏

具慶下　弟世蕃　世菁　世蓁　娶王氏　繼娶韓氏

山西鄉試第三十二名　會試第一百六名

張纓　貫河南彰德府安陽縣民籍　府學生

治詩經字重卿行三年二十八三月初一日生

曾祖時主簿　祖澤　父瑨　母楊氏

慈侍下　兄纁　紹　娶劉氏

河南鄉試第七十三名　會試第三百十名

貫河南汝州寶豐縣民籍　國子生

李兼仁

治書經字子元行七年三十五七月十七日生

曾祖顯質　祖信　父真　前母樊氏　母左氏

慈侍下　兄滄監生　洪　洙　瀛同知　濟　濬　娶王氏

河南鄉試第三十四名　會試第一百五十一名

鄭有周

貫廣東潮州府揭陽縣民籍　縣學附學生

治書經字郁之行三年三十七月十五日生

曾祖進　祖逢貴　父瑄　母陳氏　繼母許氏

具慶下　兄有禎　弟有宋　有儀　有章　有學　有守　娶薛氏

廣東鄉試第二十四名　會試第二百三十七名

何維栢

貫廣東廣州府南海縣民籍 三水縣學附學生

治禮記字喬仲行一年二十五十二月十七日生

曾祖榮 祖方 父應初 前母陸氏 母馮氏

重慶下 弟維椿維杜維桐維檍維魁維嶽維奇維岸維英維巖維嵩維楫 娶麥氏

廣東鄉試第七十一名 會試第一百五十四名

魏良貴

貫江西南昌府新建縣民籍 縣學生

治詩經字師孟行九年三十三九月二十七日生

曾祖仲鋐 祖默 贈文林郎知縣 父棨 福建右布政使 母熊氏 封孺人

永感下 兄良佐 散官 良輔 刑部員外郎 娶李氏

江西鄉試第三十四名 會試第二百七十二名

李登雲　貫河南開封府鈞州民籍　州學生

治書經字子漸行二年二十七十二月二十一日生

曾祖剛　祖全　父延　母周氏

具慶下　兄乘雲行人　弟凌雲貢士　披雲　壁雲　慶雲　爍雲　娶楚氏

河南鄉試第二十八名　會試第二百三十二名

郭廷冕　貫山西太原府文水縣軍籍　國子生

治易經字季文行四年二十九四月十四日生

曾祖文杉　祖鐵義官　父瑠吏目　母張氏

永感下　兄廷桂儒士　廷洛縣丞　廷冠　娶康氏

山西鄉試第五十二名　會試第二百四十三名

貫湖廣武昌府崇陽縣軍籍　國子生

錢天民

治易經字[illegible][illegible]行二年三十四十月初三日生

曾祖仕亨　祖昱　父[illegible]澍　前母劉氏　母汪氏　繼母陳氏

具慶下　兄天爵　知州　娶陳氏

湖廣鄉試第七名　會試第一百五十九名

盧宗括

貫直隸德州左衛軍籍保定府淶水縣人　州學生

治書經字濬卿行三年三十二月二十一日生

曾祖得　祖信　壽官　父經　母崔氏　繼母劉氏

具慶下　兄宗儒　宗賢　娶譚氏

山東鄉試第八名　會試第八十五名

胡植　貫江西南昌府南昌縣民籍　縣學生

治詩經字立之行九年二十八四月初三日生

曾祖紳　祖鎡　父源　母張氏

慈侍下　弟柄　榜　栻　娶熊氏

江西鄉試第六十九名　會試第二百十九名

陳邦偁　貫廣西桂林府全州民籍　州學生

治禮記字德卿行二十六年二十九四月十九日生

曾祖朴 貢士贈工部右侍郎　祖表 封通政司左通政 贈工部右侍郎　父瑛　母郭氏

嚴侍下　兄邦[illegible]

廣西鄉試第三名　會試第二百九十一名

安宅

貫山東東昌府冠縣民籍　國子生

治禮記字仁行年二十五九月三十日生

曾祖甫能　祖宏巡檢　父世昌　母劉氏

重慶下　弟邉　述　娶許氏

山東鄉試第五名　會試第二百二名

梅凌雲

貫江西九江府湖口縣民籍　浙江蘭谿縣教諭

治易經字尚志行二年三十八閏十一月二十一日生

曾祖清贈工部主事　祖愈知府　父鳳　母崔氏

慈侍下　兄凌霄　弟凌雪　凌虛　凌寒　娶孫氏

江西鄉試第一百四十六名　會試第九十五名

藍濟卿　貫福建福州府侯官縣民籍　縣學附學
治易經字用楫行五年二十二九月十二日生
曾祖森　祖璉義官　父汝學　母郭氏
重慶下　兄芳卿秀卿茂卿弟賢卿則卿來卿調卿娶薛氏
福建鄉試第六十七名　會試第九十九名

鄭烱　貫浙江紹興府餘姚縣民籍　縣學生
治易經字章甫行一年二十九七月十六日生
曾祖栅　祖[illegible]　父重義　母鄒氏
重慶下　弟煉　煥　爔　娶徐氏
浙江鄉試第八十三名　會試第三百十四名

徐守道

貫直隸大名府開州長垣縣民籍江西進賢縣人縣學生
治易經字子中行一年三十四二月十六日生
汝成 祖華 父江 母王氏 繼母孫氏
文下 弟守志 守義 娶高氏
鄉試第五十三名 會試第一百二名

貫直隸安慶府潛山縣民籍 縣學生
治詩經字子芳行三年二十四八月二十五日生
祖文昌 父珮 母汪氏
姑 栢 弟榜 梧 娶陳氏
九[illegible]九名 會試第二百六十九名

趙繼本　貫山東濟南府歷城縣人　學生

治易經字孝甫行二年三十七十二月初七日生

曾祖璿知州　祖愷　父祺義官　母張氏

永感下　兄繼宗　繼志　娶張氏

山東鄉試第二十七名　會試第二百七名

高捷　貫河南開封府鈞州新鄭縣軍籍　縣學生

治書經字漸卿行一年三十四正月初六日生

曾祖旺贈工部郎中　祖琡[illegible]進士　父尚賢[illegible]　母沈氏封宜人

重慶下　弟撥[illegible]　拱貢士　才　揀　娶邵氏　繼娶王氏

河南鄉試第十二名　會試第二百二十二名

朱尚賓 貫直隸河間府瀋陽中屯衛軍籍應天府句容縣人 國子生

治易經字宗商行一年四十一十二月三十日生

曾祖福 祖欽知縣 父偉貢士 母李氏

慈侍下 娶張氏

順天府鄉試第三十名 會試第一百二十六名

彭相 貫直隸真定府晉州安平縣軍籍 教諭

治書經字良仲行四年三十九十一月二十九日生

曾祖真 祖翼 父謙 母逯氏

永感下 兄輔 岳 仁 娶吳氏

順天府鄉試第六十二名 會試第二百七十五名

李夫然 貫河南河南府洛陽縣民籍 國子生

治書經字一中行一年四十一正月二十五日生

曾祖貴 祖英 父漳 母張氏

永感下 娶潘氏

河南鄉試第四十八名 會試第一百四十一名

楊應奇 貫河南開封府歸德州夏邑縣軍籍 國子生

治詩經字時望行一年四十三十二月初七日生

曾祖威 教授封大理寺寺副 祖德 按察司副使 父紳 縣丞 前母劉氏 母王氏

慈侍下 兄應鳳 義官 應熊 弟應鴻 應龍 應驥 應鶴 應圖 娶段氏

河南鄉試第三十三名 會試第三百十九名

王三聘

貫陝西西安府盩厔縣民籍　縣學生

治書經字[illegible]莘行一年三十五九月十四日生

曾祖連　祖寧　父玉　母辛氏

慈侍下　兄來訪　三顧　三重　弟三槐　娶鄧氏

陝西鄉試第二名　會試第六十四名

李文昇

貫直隸寧山衛軍籍濬縣人　國子生

治書經字子蔚行二年三十六九月二十六日生

曾祖廣　祖銘壽官　父節　母陳氏　繼母張氏

具慶下　兄文進　弟文通　文獻　文奎　娶蔡氏　繼娶孫氏

順天府鄉試第八十[illegible]名　會試第三[illegible]二名

牛恒　貫陝西西安府乾州武功縣民籍　縣學附學生

治書經字子占行一年二十六十二月二十二日生

曾祖宗　祖經府經歷　父兆祥　母王氏　繼母王氏

具慶下　弟恢　惟　恬　慥　怡　慎　娶李氏

陝西鄉試第四十二名　會試第一百三十一名

張拱文　貫雲南大理府太和縣民籍　國子生

治春秋字獻仁行一年三十六四月初六日生

曾祖禎冠帶　祖璠壽官　父雲龍學正　母康氏

慈侍下　兄拱堯　拱[illegible]　拱[illegible]　拱湯　弟拱辰　拱周　拱朝　拱[illegible]　拱明　拱極　娶董氏　繼娶宋氏

雲貴鄉試第二十六名　會試第二百八十五名

李璧 貫河南開封府杞縣民籍 國子生
治詩經字擇安行二年四十四六月二十七日生
曾祖新 贈工部郎中 祖惟聰 按察司副使 父倬 母任氏
永感下 兄堂 弟堅 堡 墊 娶甯氏
河南鄉試第九名 會試第二百二十六名

郭朝賓 貫山東兗州府東平州汶上縣軍籍 縣學附學生
治易經字尚甫行七年二十三十二月二十四日生
曾祖玉 祖順 父緒 母陸氏
具慶下 兄朝用 朝卿 朝軒 朝聘 朝臣 朝賢 弟朝覲 朝宗 娶劉氏
山東鄉試第五十四名 會試第二百八十八名

翁世經　貫福建福州府永福縣軍籍　府學生

治詩經字可貞行五年二十七二月二十六日生

曾祖福　祖琛　父光　母林氏

具慶下　兄世和　弟世顯世續世錦世碩世灝世方　娶林氏

福建鄉試第六十六名　會試第一百六十一名

許天倫　貫山西振武衛官籍湖廣沔陽州人　代州學增廣生

治詩經字汝明行一年三十四四月初七日生

曾祖能正千戶　祖璠正千戶　父印正千戶　母周氏贈宜人

嚴侍下　弟天儀　娶曾氏

山西鄉試第一名　會試第一百七十五名

沈鑾 貫浙江嘉興府秀水縣民籍 國子生

治書經字[illegible]行十三年三十五二月十一日生

曾祖彥明 祖[illegible] 父嵩 母賀氏

具慶下 兄[illegible] 弟[illegible] 娶吳氏

浙江鄉試第十九名 會試第十一名

吳性 貫直隸常州府宜興縣民籍 國子生

治詩經字定甫行五年三十七十二月十七日生

曾祖觀 祖昊 父禮 母錢氏 繼母陸氏

具慶下 兄愷 懌 恪 忱 弟慎 悃 慥 情 懂 娶杜氏 繼娶陸氏

應天府鄉試第二十四名 會試第三百三名

吳璁

貫江西撫州府臨川縣民籍　國

治詩經字世振行八年四十十二月二十一日生

曾祖九皐　祖公朝　父偉　母游氏

具慶下　弟理　瑗　珉　娶胡氏

江西鄉試第八名　會試第一百二十名

王應期

貫山西平陽府蒲州民籍　州學生

治易經字伯起行二年三十四五月初四日生

曾祖鈺　祖源 贈　父政　母沈氏

重慶下　兄應先　弟應韶 應時 應試　娶田氏 繼娶蕭氏

山西鄉試第一名　會試第二百七十一名

車邦佑

貫廣東惠州府博羅縣軍籍　國子生

治易經字朔卿行三年二十九十月初十日生

曾祖駿　祖廣遷　父霆　母黃氏　繼母韓氏周氏

具慶下　兄邦顯典膳郎　弟邦計邦佶邦定邦屏　娶李氏

廣東鄉試第四十四名　會試第六十九名

盧楩

貫直隸蘇州府常熟縣醫籍崑山縣人　國子生

治書經字木伯行一年三十二二月二十六日生

曾祖輔　祖常贈太醫院院判　父志前太醫院院判　母陳氏封安人　生母薛氏

具慶下　弟楠　娶許氏

應天府鄉試第五十六名　會試第五十六名

趙憲 貫直隸松江府上海縣民籍

治書經字子成行一年四十六二月二十[illegible]生

曾祖瑜 祖清 父山 母吳氏

具慶下 娶喬氏

應天府鄉試第二十七名 會試第一百八十一名

方孟縉 貫江西南昌府武寧縣民籍 國子生

治春秋字文卿行九年四十一八月十四日生

曾祖景華 祖汝寧 父璞 母吳氏

永感下 兄孟經 孟緯 弟孟綿 娶黃氏

江西鄉試第一百六十三名 會試第一百八十名

貴州鄉試錄序

嘉靖丁酉秋鄉試屆期先是

我

皇上特出

宸斷

詔貴州開科解額取士行禮部大

臣所定議及前巡按監察御

史王杏所䟽請也猗歟盛哉此百七十餘年曠典也于時甫建貢院前巡撫副都御史陳克宅巡按監察御史楊春芳豫期舉行故藩司亟為飭材鳩工漸次營構巡撫副都御史汪珊巡按監察御史倪

嵩後先繼至寔能惇致作士
督終厥役旣完且美衆益以
勸又以凱口弗靖偕都督僉
事李璋暨諸文武勠力底定
疆場粒寧士得忻踊赴試試
事無小大類皆草創無不整
整如故事則御史嵩監臨酌

處焉者也工部右侍郎兼僉
都御史潘鑑工科都給事中
充魯御史李實皆
朝
廷重近之臣彌節茲土咸翕
厥德刑部郎中劉體元工部
郎中張意行人張祐以公務
至適觀厥成勳與教諭王誥

劉瑞葵陳文昌覃煦聘至充

考試官內提調左參政俞茂

堅右參政鄭氣監試副使陳

則清陳讚外綜理防範左布

政使張峨右參議劉淮按察

使沈教副使林茂竹僉事田

汝成梁世驃都指揮僉事佘

大綸朱文暨諸執事愼簡如
例乃合提學僉事焦維章所
選士八百有奇三試之獲儁
者二十五人遵
制數也試故有錄具載中式者氏
名幷其文以
獻
大勳謹序諸首編葢嘗觀周公

之告君奭也其曰多歷年所必歸于六臣率惟茲有陳保乂有殷至于周文王之則百斯男亦惟譽髦斯士焉古聖人之重才固若此夫才之由出也于中州也恒易而于遐方也惟難非盡盛時沐至教

被大德未見其能有成也我
祖宗右文尚儒惟學校俊茂是崇
是長是任是使
聖神繩承適由斯道以及于今龐
漓混合三五醇完乃鬱倇閟
達益久且大而高明博厚之
澤無有遠邇蒸蒸然矣其

時之盛也乎

皇上冠道德履孝敬被詩書佩禮

文以先天下復崇雅黜浮昭

示嚮方致文武並舊愛功惜

力以答昇平故貴州父兄子

弟聞門距躍脩先王之術慕

洙泗之風遍滿閭里皆顒仰

引望謂

羲皇堯舜復出矣其

教之至也乎夫貴州遜矣入我

朝版圖之

列聖學校之至我

皇上則塲屋之奐夫其來塲屋也

以爲委巳而弗得與中州齒

也又山踰水越以劭試于滇
今士出不數百里而止其止
也于于入而試以展其所欲
言其言也毣毣其
德之大也乎夫時也者氣復而至
者也敎也者
聖作而覩者也

皇上撫盈成之候握氣機而卽發
値五百之運濬化源而斯神
然後至仁不忘遠大造無棄
物以優容造就之則夫才之
由出其鼓舞培植之功固若
是其難也哉夫春生日出之
下肯翹昭蘇蠕動奮踊固也

翊茲士乎是宜水濱山曲裔
夫鄙人英舒穎脫與天下竝
馳也猗歟盛哉茲試也勳等
蓋惕焉以不得其人是懼亦
惟蚤夜公勤務求真才以仰
副
側席之懷雖所言若有不同然知

其負奇氣循
聖執明當時之務者因于此大有
所望焉其尚毋曲而學毋易
而度用弼成我
皇上萬載
帝王之業百世
本支之固而古之多歷年所則

百斯男誠不足盛矣夫多士
嘗以弗獲開科爲媿玆者正
其時也又可居殷六臣周鑾
髦之下哉在勉之而已矣
江西廣信府弋陽縣儒學教
諭涂勳謹序

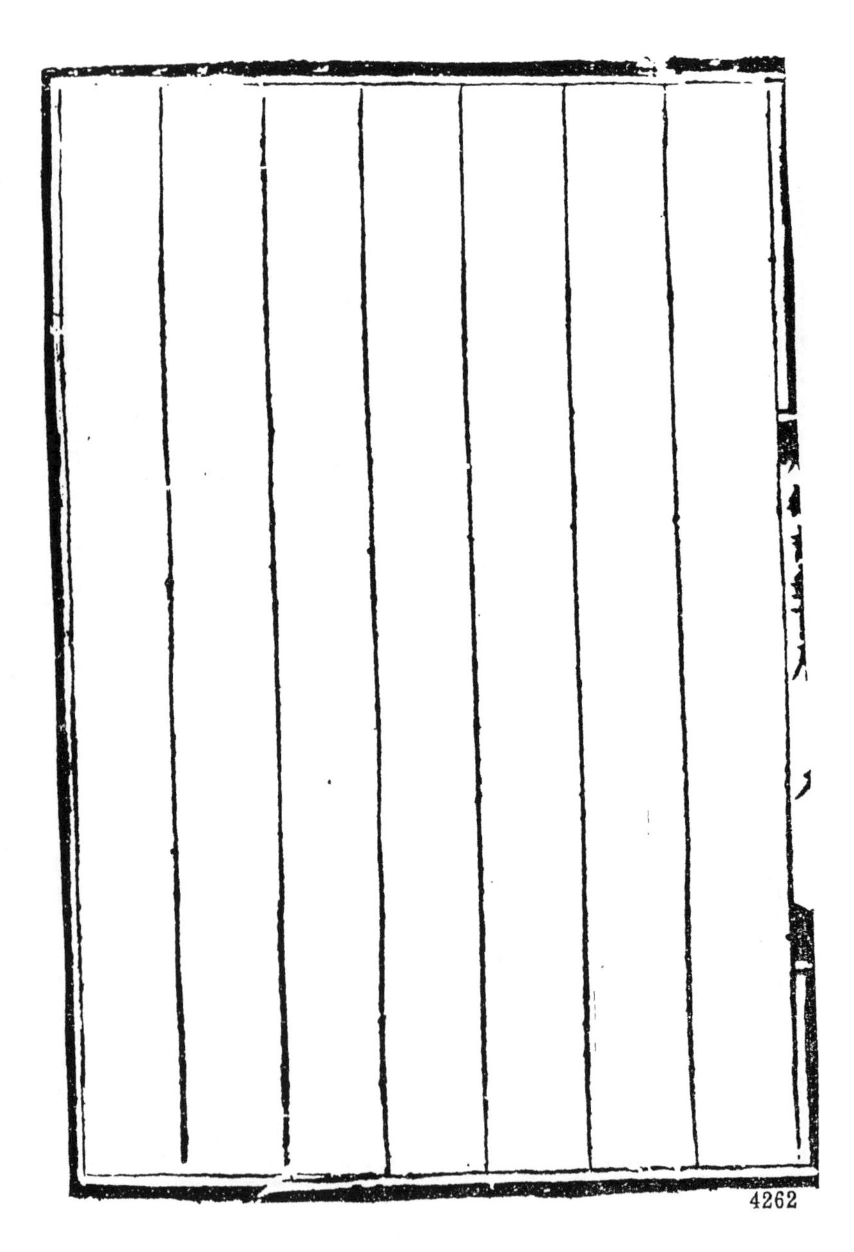

嘉靖十六年貴州鄉試

監臨官

巡按貴州監察御史倪嵩 中卿直隷當塗縣人 己丑進士

提調官

貴州等處承宣布政使司左參政喻茂堅 汝礪四川榮昌縣人 辛未進士

貴州等處承宣布政使司右參政鄭氣 浩然直隷靜海縣人 甲戌進士

監試官

貴州等處提刑按察司副使陳則清 君揚福建閩縣人 丁丑進士

貴州等處提刑按察司副使陳讃 允揚福建長樂縣人 癸未進士

考試官

江西廣信府弋陽縣儒學教諭涂勳　如望福建鎮海衛籍晉江縣人　辛卯貢士

江西建昌府廣昌縣儒學教諭王詰　德欽福建閩縣人　戊子貢士

同考試官

湖廣岳州府澧州安鄉縣儒學教諭劉瑀葵　原向廣東潮陽縣人　庚午貢士

浙江杭州府臨安縣儒學教諭陳文昌　希周福建福清縣人　庚午貢士

湖廣武昌府嘉魚縣儒學教諭曹煦　時和廣西平南縣人　壬午貢士

印卷官

貴州等處承宣布政使司經歷司都事岳仁　元德浙江嘉興縣人　監生

貴州等處提刑按察司經歷司經歷延欽 寅之湖廣景陵縣人 監生

收掌試卷官

程番府知府林春澤 德數福建候官縣人 甲戌進士

黎平府知府林益 民悅福建莆田縣人 辛巳進士

受卷官

都勻府知府牟泰 以貞四川巴縣人 丁丑進士

思南府知府洪价 承藩直隸歙縣人 官生

銅仁府推官勞周相 希旦江西德化縣人 監生

黎平府推官王有擶 允年江西安福縣人 監生

彌封官

貴州等處提刑按察司照磨所照磨吳克敬　汝明廣東臨高縣人監生

思州府推官王澤　悅之福建龍溪縣人監生

都勻府麻哈州知州李一中　大本江西上饒縣人監生

鎮遠府施秉縣知縣王誥　廷章湖廣瀏陽縣人監生

謄錄官

貴州都指揮使司斷事司斷事張省之　希曾山東清平縣人監生

普安州知州張璽　朝信廣西橫州人癸酉貢士

安順州判官郭綸　廷憲湖廣石門縣人監生

清平衛經歷司經歷蔡宗堯 思南府婺川縣人 監生

對讀官

都勻府獨山州知州文誠 惟一 四川合州人 癸酉貢士

鎮寧州知州張鈗 汝完 雲南右衛籍江西鄱陽縣人丙子貢士

龍里衛經歷司經歷陳遠志 毅甫 直隸石埭縣人 監生

安南衛經歷司經歷曾璠 良石 四川合江縣人 監生

巡綽官

貴州衛指揮使楊鳳鳴 岐山 直隸定遠縣人

貴州前衛指揮使王廷光 尚賓 直隸無為州人

貴州衛指揮使梁天麒 國祥直隸定遠縣人

貴州前衛指揮僉事張溱 廷潤直隸滄州人

貴州衛中所正千戶徐鐙 國用直隸揚州府人

貴州前衛中所正千戶霍紳 公佩山東曹縣人

搜檢官

貴州前衛指揮使唐鳳 國瑞湖廣衡山縣人

貴州衛指揮同知谷蕙 庭芳直隸六安州人

貴州衛指揮同知楊均 白平湖廣安陸縣人

貴州前衛指揮僉事李木 遷喬北京羽林前衛人

貴州衛前所副千户蕭韺 太和山陝人

貴州前衛右所副千户張戎 君用山東長清縣人

供給官

貴州都指揮使司經歷司都事于説 夢弼湖廣永州人監生

威清衛經歷司經歷方端 文楷浙江孝豐縣人監生

安莊衛經歷司經歷石崗 起鳳廣西平樂縣人吏員

烏撒衛經歷司經歷劉黻 朝望湖廣華容縣人吏員

平壩衛經歷司經歷林寶 元吉福建龍溪縣人吏員

程番府金筑安撫司吏目方睿 希賢四川眉州人吏員

黎平府古州長官司吏目印璽　國信湖廣桃源縣人　吏員

貴州宣慰司循佐驛驛丞陳爵　添祿四川眉州人　吏員

鎮遠府鎮遠驛驛丞杜實　誠之四川西充縣人　吏員

平越衛清平驛驛丞楊文衡　叔亨雲南太和縣人　承差

鎮遠府清浪驛驛丞嚴訓　希伊雲南太和縣人　知印

第壹場

四書

事君敬其事而後其食

舜其大孝也與德為聖人尊為天子富有四海之内宗廟饗之子孫保之

乃若其情則可以為善矣乃所謂善也

易

直其正也方其義也君子敬以直内義以方外敬義立而德不孤

剛上而柔下雷風相與巽而動剛柔皆應
易无思也无爲也寂然不動感而遂通天
下之故
天地設位聖人成能
書
食哉惟時柔遠能邇惇德允元而難任人
蠻夷率服
終始惟一時乃日新
不作無益害有益功乃成不貴異物賤用

物民乃足犬馬非其土性不畜珍禽
奇獸不育于國不寶遠物則遠人格
所寶惟賢則邇人安
克知三有宅心灼見三有俊心以敬事上
帝立民長伯

詩

六月食鬱及薁七月亨葵及菽八月剝棗
十月穫稻爲此春酒以介眉壽七月
食瓜八月斷壺九月叔苴采荼薪樗

食我農夫九月築場圃十月納禾稼
黍稷重穋禾麻菽麥嗟我農夫我稼
既同上入執宮功晝爾于茅宵爾索
綯亟其乘屋其始播百穀
樂只君子民之父母樂只君子德音不已
芃芃棫樸薪之槱之濟濟辟王左右趣之
武丁孫子武王靡不勝龍旂十乘大糦是
承邦畿千里維民所止肇域彼四海
春秋

鄭伯以璧假許田 桓公元年

公及齊侯宋公陳侯衛侯鄭伯許男曹伯

會王世子于首止 僖公五年

冬十有一月晉侯使荀庚來聘 衛侯使

孫良夫來聘丙午及荀庚盟丁未及

孫良夫盟 成公三年

春齊國書帥師伐我 哀公十有一年

禮記

天子祭天地祭四方祭山川祭五祀歲徧

師也者敎之以事而喩諸德者也保也者
愼其身以輔翼之而歸諸道者也
將適公所宿齊戒居外寢沐浴史進象笏
書思對命既服習容觀玉聲乃出揖
私朝煇如也登車則有光矣
禮樂之情同故明王以相沿也故事與時
並名與功偕

第貳場

論

先王以道治天下

詔誥表內科一道

擬漢定振窮養老之令詔文帝元年

擬唐加左僕射房玄齡太子少師誥貞觀十三年

擬宋作邇英延義二閣寫尚書無逸篇于屛羣臣賀表景祐二年

判語五條

官員赴任過限

入戶以籍爲定

禁止師巫邪術

承差轉雇寄人

詐欺官私取財

第叁場

策 五道

問學之爲

王者事也三代以降知務者鮮矣知務而能至

者鮮矣哉

皇上睿知有臨聰明之盡乃不事言語文字之
間惟致夫躬行心得之實者也夫善學
孔子者莫顏曾爲甚
皇上蓋嘗有取于顏曾之學以嘉孔子者嘗伏
讀
御製十六字之箴語潔義精眞與大舜人心道
心十六字之言相上下矣可得言歟然
觀顏子學之大者非博文約禮耶未知
今日何以博文何以約禮歟曾子學之大者

非一貫忠恕耶未知
今日何以一貫何以忠恕歟此皆
皇上之用功眞切者也惟其用功眞切故于指
要所在洞見而無疑可得悉陳之乎惟
其
天德純全故于
王道所施辨白而無類可得縷數之乎諸生躬
逢
堯舜之盛且欲堯舜其

君者不可無言以相告也

問我

皇上至聖多男

大孝有後視不億之盛則百之多誠不足侈

矣然嘗聞漢人有言天下之命懸於

太子太子之善在於早諭教慎選左右夫諭教

之早也貽哲在初也左右之慎選也學

近其人也舍是二者將何所事哉昔者

成王幼在襁褓已從事於學矣又師保

傅皆得其人也玆欲學成王之學必有
其道而求成王之左右豈無其人可得
言之歟夫欲德性之成由涵養之密也
今之學或授書及講奏竊意緝熙之功
在日改而月化不知講授之外當何如
而後可歟欲德業之成由
上下之交也今左右固有講讀
宮僚等官矣竊意師友之誼貴禮篤而情洽
不知際遇之間當何如而方盡歟我

太祖高皇帝首建
大本堂以才俊充伴讀以名儒教
親王商確古今學無虛日畀可以舉而行之
歟夫誠能舉而行之豈非
社稷之福天下生民之幸哉諸生宜歷陳之以
爲滑渙之功何如
問經也者皆聖人所作也但學者嘗講之
不明又或論之太詳不免義涉艱混而
行有滯謬矣誠欲一二共商訂之夫義

羲為網罟未粒然則鮮粒食始于羲農而前此未嘗食歟黃帝堯舜垂衣裳而天下治然則織絍始于黃帝而前此未嘗衣歟舜齊七政謂日月五星也果是耶禋于六宗解者以坎壇雩宗與昊果然耶周家建子為統或以為改月與時或以為改月不改時今何所從周禮昊祀五帝或謂太微之五帝或謂五人之五帝今孰為當日月星辰既柴祀矣何

又槱燎司中司命風雨之星不煩數乎
天子郊社以祀天地矣何諸侯大夫士庶人亦
有社以祭地不僭越乎詩我將之篇以
明堂爲祀文王也不知明堂乃爲祭而
設歟農棄后土禮云祀以爲社稷也不
知數子即爲社稷之神歟請通經者明
以示我可乎

問稽昔人之前言往行皆人倫物理所寓
也然其間有可否純駁之不一者未免

有異議焉夫君臣無所逃也田過邴原之論何如父子不可解也蘗疾避苞之事何如處朋友也鄒寄孰與高允處兄弟也羅遵生孰與王彬華元季子之不戰宋襄趙襄之不殺何者爲當卜式王丹之勸國西門豹解扁之富國何者爲可㒎鞅辯者進言亦可法歟嚴陶隱者去就或有殊歟周亞夫衛青其刑人皆不專命否耶張釋之趙綽其讞獄皆能

執法否耶歸囚之殺與縱何居肉刑之復與否何義伍尚爲父赴召視袁最可同歟郭亮爲師收葬比楊匡相似歟請極論之以觀所決擇

問事之在天下有可支持于一時而難免禍于將來名爲治平無憂而實有大可慮者不可不逆爲之所也試以貴州言之夫環貴州皆苗夷也苗夷爲中國患久矣但人情狃于暫安而不知難以長

治今當思所以制禦之可也不知制禦
之方果何在歟昔人有蠻夷畏愛至為
立廟者有一介開諭即時引還者有撫
綏勞來得遠人心者有諭降大酋人無
二心者不知今亦可以為昔人之所為
歟又或者謂上策莫如自治不知自治
之方果安在歟抑其任當在將領其責
當在土官其具當在兵與食此尤所宜
急者不可不有以處之也諸生有志用

世其爲我推本末討久遠執事者願與

有聞焉

中式舉人二十五名

第一名浦仲良　烏撒衛學生　禮記

第二名莫佯　清平衛學生　詩

第三名陳嘉兆　思南府學生　書

第四名劉時舉　銅仁府學生　易

第五名王炯　清平衛學生　春秋

第六名李文弼　普定衛學生　詩

第七名陳嘉謩　安莊衛學生　書

第八名黎宇　宣慰司學生　易

第九名姚大英　烏撒衛學生　春秋

第十名聞賢　永寧宣撫司學增廣生　詩

第十一名彸應期　興隆衛學生　書

第十二名王珮　宣慰司學增廣生　易

第十三名胡志學（二字）　永寧宣撫司學生　詩

第十四名劉志美　普定衛學生　書

第十五名蔣宗魯　普安州學增廣生　易

第十六名桑育賢　永寧宣撫司學生　禮記

第十七名潘維嶽　宣慰司學生　詩
第十八名胡　資　安莊衛學生　書
第十九名雷鳴陽　永寧宣撫司學增廣　易
第二十名姜　潮　思州府學訓導　詩
第二十一名項文紀　普定衛學增廣生　書
第二十二名張友仁　宣慰司學生　易
第二十三名張鶴年　普安州學生　詩
第二十四名潘靜深　普安州學生　易
第二十五名陸天衢　都勻府學生　詩

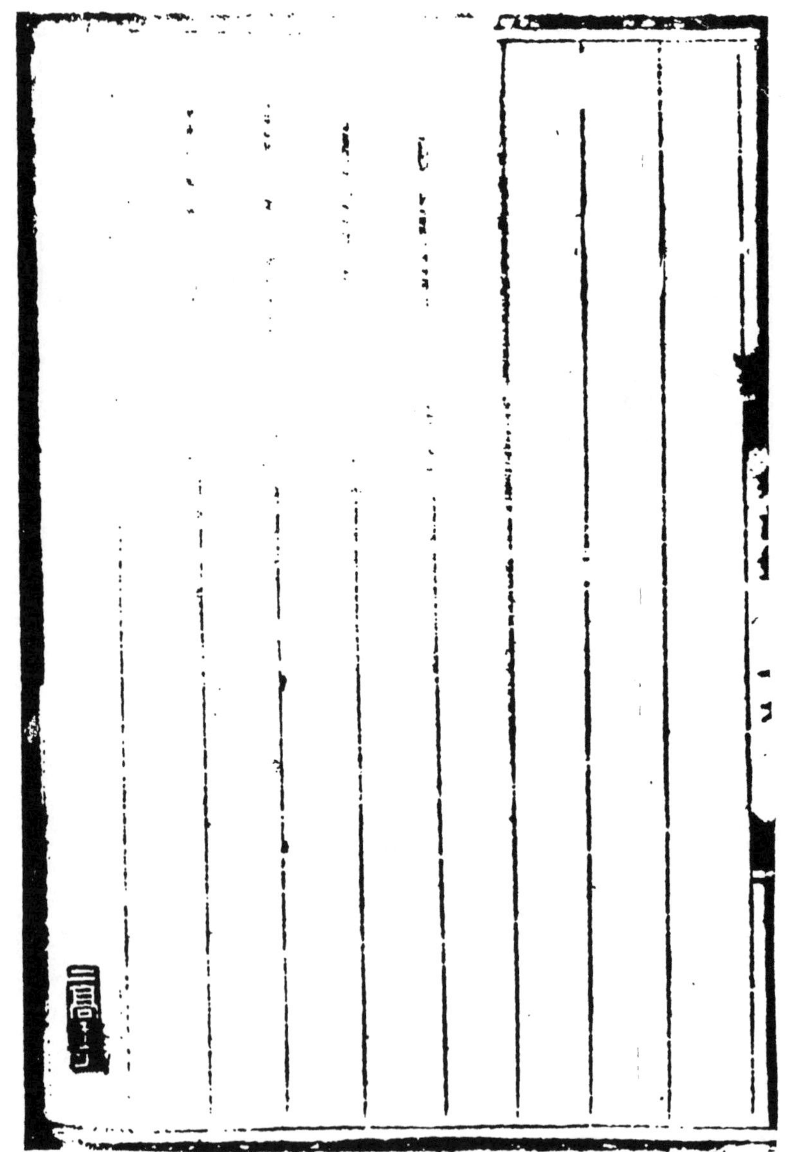

第壹場

四書

事君敬其事而後其食

浦仲良

同考試官教諭覃 批 以心立說得朱註本意

出股作故錄

考試官教諭王 批 意新而辭暢

考試官教諭涂 批 有識見可取

聖人于為臣者必示之以無所為而為之心也

夫敬事後食則無所爲而爲矣是心也事君之道何以加此夫子之意蓋曰仕固有事祿之分而心莫先義利之辨義也者無所爲而爲是已彼君之官人也爲事也不爲祿之也臣之事是君也求事治也非求祿也天工而代以人責亦重矣愼乃攸司而勿怠勿荒以圖之行令而致之民務孔急矣虔共爾位而惟寅惟一以理之如有官守則職也者其所事也必知之而無不爲爲之而無不力若官守祿焉固常職而食者

也方惕然以立乎其官之不暇而乃祿之是急哉如有言責則言也者其所事也必知之而無不言言之而無不盡若言責祿焉固計事而餘者也方凜乎以諫之未行爲已憂而乃食之是謀哉明試之無功則素飽之可恥蓋鴻漸之食君子之所衎也庶績之不凝斯空食之宜戒蓋伐檀之志從政者之所勵也此無所爲而爲義之心也君子之學喻於義也君子之仕行其義也何可以無此心哉抑祿之移人久矣以子張

而猶不忘干祿之心至於三年學不志于穀者
亦不易得焉故佾如原思辭九百之粟高如孟
子乃不受齊祿吾見其人矣禮之人浮於食之
說董仲舒正誼不謀利明道不計功之言吾聞
其語矣學者宅心不可不知

舜其大孝也與德爲聖人尊爲天子富有

四海之內宗廟饗之子孫保之

陳嘉兆

同考試官教諭劉　批

辭能隱括而意亦通貫可

以爲文矣

考試官教諭王　批　語不費而旨益明

考試官教諭涂　批　得大孝意思

中庸論聖孝之大而必悉言其大也夫德福之隆則所以事其親者極矣孝之大也不于是可見哉昔子思子引孔子之言以爲以予觀于虞舜其盡事親之道也蓋能盡其願于智力之所難爲而廣此心于一身之所不能及後有孝者弗可及也已何以言之天下之顯者莫如德德

之至者莫如聖羲其濬哲文明上協乎重華温

恭允塞不假于脩習德之聖者也已雖忘其至

行而親實受其大名豈但身之不失而考之無

咎已哉至於貴也者非舜之所欲也然有鰥在

下而帝命以位乃由匹夫而曆數在躬貴也至

矣吾見以天子尊其親尊之至也天下者非舜

之所與也然海隅奄有於唐堯而遠邇畢獻乎

方物富也至矣吾見以天下養其親養之至也

前而祖宗乃親之所本者如黃帝顓頊之祭皆

得以上祀而殷薦之先世有光親以之有光矣
後而子孫乃親之所遺者如虞思胡公之屬皆
得以胙土而世祿之後世勿替親以之勿替矣
斯智力之所難爲而一身之所不及者也舜之
大德致祿位之俱全而前後之無憾如此孝其
大矣哉雖然孝之大也難矣孔子蓋偶有感于
大舜而未嘗盡望于衆人也且孔子德無愧于
舜而道竟厄於春秋如尊富何哉故荀子以仲
尼爲聖人之不得勢者也是矣然萬世而下子

孫益衍享祀無窮較之虞舜所得多矣然則孔
子其大孝也與
乃若其情則可以爲善矣乃所謂善也
聞賢
同考試官教諭覃　批　他作不逮則晦此篇獨有
體認意更明白取之
考試官教諭王　批　說性情處不窘不滯
考試官教諭涂　批　明淨可嘉
大賢論驗人所發之善而斯道其所性之善也

蓋情之善則性之善可知矣我之道性善也豈無謂哉昔公都子論性而孟子曉之若謂吾之善是性也而性未發也然則何從而知之以其情知之矣蓋性寂而未形者也因情之感于物而有以露其萌芽善生而本靜者也因情之動于外而遂至出其端緒機之所發觸處而皆眞乍見而有不忍處物而有不爲皆天理之懇到者也借曰有不善不善安從生乎順之所應遇境而逢原交際之所表見神明之所分決皆至

善之精實者也若謂有惡惡寔遽作乎夫彰之知以知夫微者也觀其感之皆善善則其爲感之樞紐可窺而寂然之中皆善也明矣費之昭以昭夫隱也觀其動之無惡則其涵動之根柢可見而至靜之時無惡也必矣天理之懇到即眞一之本體有諸中而徵諸外者也至善之精實乃純粹之一原根于心而生于色者也所謂同歸而殊途一致而百慮是已吾故曰性善云者非無據而爲說也非求勝而好辯也蓋嘗察之

於已發之氣象而體之于方動之機梏然後遂
斷以爲性之善而不誣爾若疑性之不善也亦
將疑情乎哉大抵學者遺性情久矣公都子不
知反情以理性遂至于在我而疑之乃紛然求
於人言不知言愈淆而情性愈遠矣故孟子詳
示已意復引詩及孔子之言明之吁孔孟詩之
三言旣出則公都子之三說窮矣人之無疑于
性也豈獨公都子哉

易

剛上而柔下雷風相與巽而動剛柔皆應

劉時舉

同考試官教諭陳　批　四者先提出元有此理而蘊諸卦深得論恒之旨

考試官教諭王　批　理精詞切迥出他作

考試官教諭涂　批　明瑩老健

象傳什恒義盡於卦之蘊矣夫卦之蘊非可以一端盡而盡於理之有常一也恒之義其大也哉吾夫子象傳蓋謂極天下之至賾存乎卦盡

天下之至理存乎恆卦以恒名厥義惟何誠以剛柔之分定而後世道泰否則尊卑易位矣豈常也哉卦也震剛居悔是剛位乎其上而无柔之不統巽柔居貞是柔位乎其下而惟剛之是承此兩間之定分森然於卦體矣風雷之氣交而後化工遂否則陰陽閉塞矣豈常也哉卦也震象爲雷而內與巽會是雷迅則風生以助其威巽象爲風而外與震盪是風烈則雷奮以助其勢此二氣之定機昭然於卦象矣至於巽動

有相成之理固也一或有偏如失常何卦之巽順震動爲巽而動殆見巽有實用一理之順是應乎萬事動不躁妄萬事之應舉順乎一理兹非人事之常見於卦德者然乎陰陽有相求之情固也一或有間如失常何卦之二體六爻陰陽相應殆見剛以正而說柔爲之助陽不至於亢柔以正而說剛爲之主陰不至於窮此非感應之常見於卦體者然乎是則常理之大莫大乎四端常理之備畢備於一卦卦不以恒名而

奚以哉抑恒理之在天下亦多矣恒卦之義何獨於此四者取乎蓋天地之大義國家之大經聖賢之大業胥此焉寓由之則天地位萬物育天下之能事畢否則萬化萬事幾乎熄矣要之豈非一正而常乎此固聖人有取於恒之微意也吾於是益知恒義之正

易无思也无爲也寂然不動感而遂通天下之故

黎字

同考試官教諭陳 批 遂字郎上兩節遂字正精變之神處天下之故正上命來文彖字此作枯之

考試官教諭王 批 文思理致其達於易矣

考試官教諭涂 批 潔靜精微

大傳論易本無心而極其妙於道也夫易道之妙盡於著卦之寂感矣然一出於無心焉易其至矣乎大傳論易之用至此則推原於神也且易之為道惟精變為至道之精變以著卦而存著卦惟何四十有九之策神於物而不離於物

蓍一枯莖焉耳六十有四之象設乎形而不離乎形卦一陳迹焉耳藴兩儀之秘渾如也何有乎心之憧憧而見於思索含萬化之精蒞如也何有乎心之惶惶而見於作爲夫然若不足以語妙矣而道則極其妙焉方其寂也至圓之神隱於蓍之未楪至方之知藏於卦之未求辭占在冊湛至虛之理命奚受而來奚知象變在櫝斂莫測之機文何成而象何定寂然之中而感通之體於是乎立矣及其感也蓍焉一揲而神

之至圓者遂周卦焉一求而知之至方者遂定受命知來隨扣而告辭占燦然顯其精而天下之先幾以開成文定象無求不得象變躍然顯其變而天下之能事以畢感通之際而至寂之體不於是而行乎夫寂而能感則不淪於無感而遂通則不滯於有此其道極體用一源之妙而爲精變之至神歟易有聖人之道信夫如此豈惟易哉退藏於密知來藏往聖人之寂感此神也於穆不已乾道變化天地之寂感此神也

聖人得天地之神而寄之蓍卦何爲有心而妙無心之神乎中涵太虛陰陽合德卽天地蓍卦之無心也而神有二乎哉噫學易者安得聖人復起而與之語神

書

終始惟一時乃日新

陳嘉畧

同考試官教諭劉　批　伊尹欲太甲克終厥德故特歸而猶有是訓也諸作類多忽焉而子能著之

之其志尹之志者邪是用表出

考試官教諭王 批 老臣告君忠懇之意儼然

考試官教諭涂 批 倜儻不凡

大臣以其要啓君德之新惟其恒而已矣蓋新德莫要於恒恒斯有終矣日新之要夫豈外此伊尹所以陳告太甲者其意以爲保位之道曰德而已新德之要曰恒而已今王以新德而服新命也而恒之義豈可弗知也哉是故人情有初非難克終爲難蓋王以昔之背訓而弗克厥

初則已知始之不一于終矣必宏至願之規使有于初者而竟其終之所極致欲今之匡救而圖惟厥終則又知終之當一于始矣必篤特敏之學俾克于終者而合于始之所發端身所當脩也而求以脩之無貳無虞之念愼于前要之于後也慾艾之懷仁義之遷豈可獨有于今哉允所宜恊也而求以恊之不息不雜之善見其進未見其止也豫怠之戒危難之思豈不可持于久哉夫始終之或二也則新有時而間斷不

是謂之日新矣今始而一于終則始之時此日
新也繼離之照而時求其運用之幾終而一于
始則終之時此日新也體乾之健而不至於須
臾之離照明不昧固吾德之常新存之之久而
照耀方來者與時偕行也自朝至於日中自中
至於日昃日無窮而此德之新亦無窮乎純一
不二雖本體之不息資之之深而克復既往者
維日不足也由今日而明日由明日而後日日
方至而性德之新亦方至乎自是而天道可以

準也祖訓可以質也而何命之不終凝也哉若夫始之弗繼厥德就隳王之前功棄矣夫豈可哉噫伊尹以是而警悟太甲意獨至矣抑新德之義難言也非精不足以擇非一不足以守易曰知至至之知終終之蓋必二者兼盡而後德可恒命可保矣此堯舜之德所以爲聖而尹之望太甲欲其終德焉者率以是也嗣是而聖而賢皆相傳弗之替焉則茲訓也豈非萬世心學之原乎

克知三有宅心灼見三有俊心以敬事上

帝立民長伯

陳嘉兆

同考試官教諭劉　批　知人以事天治人周家有道之長實賴之以子能昭周公之戒所養可以觀矣

考試官教諭王　批　語意簡切其究心於誥者

考試官教諭涂　批　典顯可錄

善於用人而重於所託前聖之所以知恤也夫君者天人之主而事而治不能以獨爲焉者而

必重託諸人焉可不善於用哉知恤之道文武所以交盡與周公陳戒成王而以若爲之準者意若曰爲后者之知恤也非知人則人不可以官非官人則政亦莫之能立也惟我文武丕德
裕承於顯顯王政勿替於庸庸如已升而柄用者惟宅有三推吾心而置諸其心克知其有能事也能牧也能準也中孚之深寔腹心之攸與萃三有宅之志而一之矣知而克焉而於心焉豈面謀者哉方晉而嚮用者惟俊有三度其心

而協諸吾心灼見其有可事者可牧者可準者交泰之眞將心膂之攸畀咸三有俊之蘊而同之矣見而灼焉而惟心焉豈色取者哉夫其與人以心自可以致人之傾心知人而用自足以歆人之效用於是乎薦之於天也何承匪天以若人而與之事之嚴于心嚴于政以亮天工以子天民以貞天度凡職業之脩攸承於上者莫不欽崇也宅俊之宣力仰何負於天哉暴之於民也何寄匪民以石人而與之治之爲之長爲

之伯以主民事以綏民生以肅民憲凡體統之立攸寄於下者莫不經理也宅俊之奮庸俯何負於人哉夫是則文武之克知灼見盡知人之明然後宅俊之事天治民有裨世之效先王之知恤立政蓋如此成王能容已於作求也哉大抵知人帝之所難而孔子之所謂智也蓋忠佞信詐人品不同而欲折之于一面豈不難哉昔人謂舜有大功二十而爲天子以其舉元愷去四凶也夫非舜則元愷四凶安得而去取之無

文武之克知灼見彼宅俊者安知其不如山之深入林之密哉故立政者在用人用而知人者在明德有天下者先愼乎德焉爾矣

詩

芃芃棫樸薪之槱之濟濟辟王左右趣之　莫侔

考試官教諭王　批　辭意整潔故錄

考試官教諭涂　批　健而豐

詩人于文王必即物以詠其德盛而得人也夫

人之難得也尚矣聖德盛而夫人之心豈能外之哉昔詩人之意蓋謂有芃者棫厥植惟叢盍其得生長之氣爲充厚而遂發育之性爲獨榮故芃者之採木也必析之以爲薪謂其爲成材也此非棫之生有求于人而人有以取之爾火師之監燎也必積之以爲槱謂其可待用也此非人之用有擇于棫而棫有以致之爾夫物則亦有然者矣若我濟濟辟王美在其中而和順有英華之符美發于容而篤實致輝光之盛是

雖無意于左右之趣矣然緝熙也純一也而化
行風動之餘萃其渙而皆同豈弟也懿恭也而
懷德畏威之心合其暌而咸一如大事一舉未
嘗戒之使至也肇禋之典方行而欣覩之情惟
切其駿奔以從事若子之慕父母矣左之而左
之之心孰不如右乎元戎欲動似難强以與俱
也動衆之令未亟而樂從之念殊深其勗力以
用命若星之拱北辰矣右之而右之之心孰不
如左乎非聖則德未必皆盛非德則人未必自

歸感應之機甚神而上下之情實切矣大抵聖作物覩德降民懷天下之情一也況以文王而當紂之不仁積威之所劫而鼓舞懽悅也必矣雖然民罔常懷皆也其來也必有以致之而其不去也必有以留之也遐不作人綱紀四方文王所以留人心者至矣有天下者何可以不師文王哉

武丁孫子武王靡不勝龍旂十乘大糦是承邦畿千里維民所止肇域彼四海

李文弼

考試官教諭王　批　不冗長而有理致

考試官教諭涂　批　言約意腴

商人祀先必述後王肖先德而復舊物也夫人心土地先王之舊物也乃能肖先德以復之則高宗之中興其盛有若是哉此祭祀宗廟之樂而追敘之如此蓋謂我商人生離肇于玄王而業則大于烈祖使後王無以紹之寧勿廢乎惟我武丁孫子以為欲篤其烈必襲其名欲襲其

名必嗣其德故成湯之號惟武也而武丁之號
亦曰武也奮撻彼之威以成帖楚之功視勇智
之天錫無愧也則渙者可萃而合任之向有不
勝乎克鬼方之師以收來遠之效于布昭之神
武有光也斯微者丕振而強舉之見其有餘矣
是故非無諸侯也然助祭之弗修也久矣今則
載驂載駟龍旂之翩翻建于十乘者侯甸綏要
荒之合轍也以總以秸黍稷之明潔承于宗廟
者禴祠烝嘗之盈盛也蓋一時之人心震疊于

湯之復出爾與方命厥后何殊哉非無邦畿也
然天下之莫宗也久矣今翼翼王都千里之名
區也民則止之而迄于東海迄于南海皆封域
矣明明我后九州之共主也畿則環之而西海
有截北海有截無分裂矣蓋一統之土宇整頓
于湯之再見爾與奄有九有何異哉以作以述
聖子神孫之相維有人有土開國承家而益振
此祭祀之典所以覺功德之報歟嗟夫創業固
難守成不易古至論也高宗弗如成湯則殷之

不其延也我不敢知成康不如文武而周之過其歷之論不亦誕且誣哉今夫擅千金之産世未必以生人翁爲能也一有賢子孫出而謹守之則鄉黨皆藉然歸重矣詩人頌武丁孫子之意不亦至哉

春秋

公及齊侯宋公陳侯衛侯鄭伯許男曹伯

會王世子于首止僖公五年

王㘖

同考試官教諭陳 批 春秋論嚴無一字溢盡

考試官教諭王 批 發揮道名分甚詳盡

考試官教諭涂 批 得經傳旨

錄以示

霸主講好以定大本春秋殊詞以貴常尊觀諸首止之殊會聖人之訓昭矣伊昔齊桓糾霸列國嚮風爰因王儲之臨恭偕首止之會其事衰世之事也其功蓋世之功也君子固不能不駁且幸矣然春秋紀例書及書會書會以會此特

書及以會何居蓋子鄭在周維王之貳以貴則青宮毓德緊有生之初已見南郊若三公冢宰出入均勞邈非所擬也以尊將曆數在躬雖諸父之親亦當北面彼庶孽諸人私貺馮寵自罔敢干也朱芾斯皇來自九重桓爲首倡者必曰天下之本也本正未治若先公役之相康王不待崇朝定矣于焉控大扶小以辨取日之功奚煩使節之載馳載驅耶金烏有繹攸同萬國凡在丕應者咸曰吾君之子也非子而子若先王

之變伯服不能一朝居矣會禁闢邪衛正共輸
朝宗之忱奚有疑謀之以二以三耶大本立則
可以衍長發之祥衆志孚則可以成垂拱之治
父子君臣之道得宗廟社稷之慶昌斯會也豈
列會云乎哉抑抗尊云乎哉噫易重主器書贊
元良聖帝明王未有不以是爲經世之大者矧
春秋爲尊周作乎故特稱及以會者非外爲志
也非內爲主也非王世子之下會諸侯也非諸
侯之上會王世子也世子在是諸侯咸往會焉

上下辨分義正班位定豈非尊一時之同情而垂萬世之大法乎雖然王儲之尊固矣亦曾仲相桓之功也若不驗諸後又殺以徵故惠王發帶徒勤竟莫移踐阼之正鄭伯尚命棄義尋自貽乞盟之慭皆不待久而後定者他日有翊太子而假四皓之從有崇世子而列三恪之上謂非今之遺烈不可也論者又安可以桓無王德仲非王佐而盡非之

冬十有一月晉侯使荀庚來聘　衛侯使

孫良夫來聘丙午及荀庚盟丁未及孫

良夫盟 成公三年

姚大英

同考試官教諭陳 批 融會傳意且有斷制經義

是如此

考試官教諭王 批 簡明可法

考試官教諭涂 批 意精詞暢

春秋罪外卿之脩禮要信所以惇典而正名焉

此荀庚良夫因聘而盟經責其專且抗也有以

哉魯成初年晉衛通聘荀庚之使聿臨良夫之
旆皆至成也今日款荀庚以同歃明日偕良夫
以尋盟斯亦四牡之遺風雨觀之曠覯耳乃委
罪二卿何耶蓋先王常典有聘無盟不可以私
干者使二卿知此因事竣事祗若君命宜矣奚
以專爲柰何甫承筐之是將遽約劑之迭舉禮
匪得中則遂事而非禮矣信匪由中則瀆尊而
不信矣孰若引君當道之爲賢乎噫高子盟以
善鄰豈完盟以服義皆裁命以行權者于時攸

賴庚與良夫非弗獲已也胡哆然奄然以干先王之典耶故不係之國者若曰不有其君非人臣然所謂罪其專而悖大典固如此矧君臣定名上天下澤未聞以地限者使二卿鑒此吾君若君恪共臣禮宜矣胡以抗爲柰何亟於三物之詛藐視五等之尊在我則加冠於屨大經拂矣在彼則爲臣而君亂本成矣孰若卑讓近德之爲遜乎噫穆叔舍大而拜細叔弓先國而後已皆守禮以睦鄰者至今耿光庚與良夫亦人

臣也胡軒然誓然而齊君臣之名耶故不言公
及者猶曰畀卬我君若微者然所謂罪其抗而
正大名又如此吁大典惇天下爲公之志也大
名正庶績咸熙之基也以爲見諸行事信夫不
寧惟是若曾與晉衛並號爲諸夏翹望顧於二
臣爲盟之日歸國之餘杳無一人能正其非如
闞孫林父者然無乃舉國聾聵竟不知典禮名
分爲何物耶嗚呼是皆不待貶絕而見罪惡著
又當自得於言意之表

禮記

師也者教之以事而喻諸德者也保也者
慎其身以輔翼之而歸諸道者也

浦仲良

同考試官教諭覃　批　師保一題作者類能言
之至於事與道身與德相須處則多意窒而辭
晦子知道以事稽德以身體非獨能文者殆亦
心會矣

考試官教諭王　批　事切于時文切於理可

錄以爲之 二

今日獻

考試官教諭涂　批　道德之教切於世子心身者體認眞切僅見此篇

記者舉師保之職皆養世子之善焉蓋人無有不善由養乃有成也則師保之職不有關於世子之大者乎今夫天下之主器寔係于世子則蚤教而豫養之者不可不慎也是故先王設官以教世子出則有師謂之師者豈徒以立乎師

贊哉蓋必德望特隆於具瞻咨聲聿昭於乾度
彼嗣君之入德在初而德以事積不可不習乎
事也故父在斯為子也則教以事父以祗載於
懿親君在斯為臣也則教以事君以承弼於厥
辟事匪徒教也事習而性成也知為人子而後
可以為人父諭於慈孝之德矣知為人臣而後
可以為人君諭於仁敬之德矣是固師之所以
為職者而世子之于德也豈俾成哉入則有保
謂之保者豈徒以保其身體哉蓋必敬孫以勵

其自脩輔翼以匡其向進彼嗣君之求道伊始
而道外無身不可不慎乎身也故身之慎以事
父也則鞠躬匪懈而引之以致孝慎其身以事
君也則蹇蹇匪躬而納之以輸忠身匪徒慎也
身脩而道立也子道得而親親之仁篤歸於父
子之道矣臣道得而尊尊之義隆歸於君臣之
道矣是固保之所以爲職者而世子之于道也
豈自致哉夫有師有保莫非敎也以德以道敎
以正也是故豫養之兼盡而主器之克承先王

之所以長治而求世者有由也故觀伊訓之終篇則知太甲之克終允德矣觀召誥之飭戒則知成王之罔愆敬德矣然裨爾後嗣在于敷求哲人而豐芑之貽謀獨拳拳于孫子則先王之善其後者惟欲得其人焉耳是故善後莫若立教立教莫若任人

禮樂之情同故明王以相沿也故事與時並名與功偕

桑育賢

同考試官教諭譚　批　禮樂同體而異用是同之中有異異之中亦不害其爲同此處極難宛轉且敬愛之情所以切於禮樂者尤難以言語形容場中士子知者絕少此作不惟明於同異之故而又切於敬愛之情可謂達禮樂之本矣

考試官教諭王　批　文理俱足

考試官教諭涂　批　明暢可嘉

制作之體不可易而用則惟其宜焉夫敬愛因心而生其[illegible]隨宜而立其用也先王之

禮樂用雖殊而體曷嘗不一哉且禮樂之感化固能合四海而同情然禮樂之本體實則根人情而無二何則禮之制也經禮曲禮事不同而所同者情也蓋禮貴於序敬立而後序定故謹審節文而截然不亂皆出於敬心之嚴密則禮之情同一敬矣樂之作也五聲六律文不同而所同者情也蓋樂貴於和愛篤而後和生故和順道德而純然同聞皆生於愛心之懇惻則樂之情同一愛矣禮同於敬故明王沿敬以爲禮

而其中正之所發莫非此心之維持有貫百王而不易者焉樂同於愛故明王沿愛以爲樂而其和平之所樂莫非是心之宣暢有俟百世而不惑者焉夫惟沿情以爲禮則禮之體立矣然情同而時不同事必因時而趨如時在唐虞則有揖讓之事時在殷周則有征伐之事凡其治定制禮事不可以強同者特禮之用耳若夫體主於敬曷嘗有所改易哉夫惟沿情以爲樂則樂之體立矣然情同而功不同名必因功而立

如以文德治天下者樂文德之成以武功定天下者樂武功之成凡其功成作樂名不能以皆同者特樂之用耳若夫體主於愛曷嘗有所變更哉是知敬不可易故禮之感化能使人合敬也愛不可易故樂之感化能使人同愛也始于一心終能感化要之不出乎敬愛之同然然則禮樂豈外物哉擴之則彌乎天地斂之不外於吾心雖聖人之祀天饗帝鳳儀獸舞胥此焉出後世乃有綿蕞以為禮芝房寶鼎以為樂抑末

矣故曰禮樂待人而後行

第貳場

論

先王以道治天下

浦仲良

同考試官教諭覃　批　先王治道本之心蓋體用
合一之精粹者類非浮辭所能發明也此作獨得
其旨瑩而辭氣皆出自胸中與騁浮辭者異矣

考試官教諭王　批　發先王之心敘先王之治

如出諸其心而見諸行事歷歷可指識見不羣之士也

考試官教諭涂 批 觀子所論則先王之治後世無不可行者錄之以見有用之學

聖人有制治之化理有統治之心學而法不與焉惟心之弘化而化基之心也尚矣化以心一則治斯統矣心以化裁則治斯制矣是故聖人之治本於道聖人之道本於心默而成之其體具溥而大之其用周天下之治卓乎不可尚已

舍道而任法則心弗純而化弗理後世之治其去聖也遠哉且道曷始乎易曰天地設位聖人成能道始於天地而成於聖人者也是故聖人未生道在天地聖人既生道在聖人天地肇此道不能以自成而畀之聖人聖人不能違天地亦惟由此道以終天地之成功而已故曰天地無心而成化聖人有心而無爲嗚呼聖人治天下之道其亦不可已者乎或者乃曰世變愈下樸散不復結繩之治不可以誓有衆干羽之舞

非過亂略者所宜然則道弛而法張殆趣特耳矣噫世變而人心不變也撲散而大道未散也故心不變道亦不變道不變天下獨不可以道治乎昔之聖人不求治於法而求治於道不求道於道而求道於心蓋心外無道道外無法聖人之心與道一也聖人之道寓于法也自今觀之堯之心學存乎執中也命官平秩以至協和于萬邦自堯之心爲之協和耳舜之心學受之堯也宅揆亮功以至風動于四方自舜之心爲

之風動耳禹之心學受之舜也楙楙德嘉績以至聲教之咸訖自禹之心爲之咸訖耳湯以建中之心學自其綏猷率典之化而極于萬邦之表正此心以表正之也武以建極之心學自其惇信明義之化而極于生民之允迪此心以允迪之也夫堯舜三王聖之盛也唐虞三代治之極也然而堯舜授受乎一道三王異世而同道要皆不出是心者蓋聖人眞見夫天下之人同此心也而吾一人之心可以通天下之心天下之

心同此道也而吾一心之道可以通天下之道是以卒不能外心而求道外道而求治也公輸子不能舍規矩而自衒其巧巧存乎規矩也師曠不能棄六律而自騁其聰聰存乎六律也聖人不能外道而爲治得非以道存乎心耶道存乎心而吾即道以爲治蓋聖人以道與天下相安見道而忘乎天下也天下相安於聖人之道而各得其分願得道而忘乎聖人也夫是之謂純王之心也夫是之謂純王之政也純王之心

是之謂天德純王之政是之謂王道後世德衰
而道晦於是任法者始犖然並興矣管商以權
謀之法儀秦以術數之法申韓以刑名之法各
肆其術以悅世主而毒天下彼豈不以先王之
道迂且緩也而後其法爲鼓舞之神乎卒之春
秋以權謀亂戰國以術數亂申韓慘刻之餘烈
至秦而大潰焉法果足以把持天下否也是故
術中之隱禍工於術者滋之也法外之遺奸詐
於法者撓之也則法不足恃而治之不外道也

審矣雖然道在天下未嘗亡也聖人學以治心道即法而治即道也後世心學不講道與治歧而二之爾否則宋襄仁義之師曷不足以取勝而王巨君井田之法胡爲而敗也然而黎民醇厚獨見於漢文之仁君而仁義之既效唐太宗不忘乎魏徵豈非存乎其人耶虞夏君臣更相戒飭商周訓誥上下交儆而精一之命敬義之夾持至今炳然則聖人之所以維持此心者又有所自也故曰必先有內聖之學而後有外王

之道

表

擬宋作邇英延義二閣寫尚書無逸篇于

屏羣臣賀表 景祐二年

莫侔

同考試官教諭劉 批 造語精練且有警策意與場中只具賀體者不同矣

考試官教諭王 批 辭不雕琢故錄

考試官教諭涂 批 有溫柔敦厚之氣

具官臣某等欽覩

作邇英延義二閣寫尚書無逸篇于屛者

經文日麗顯揭嘉言

妙畫星懸光昭

睿學創見之際普慶何如臣等誠懽誠忭稽首

頓首伏以舍己從人用言莫同于楚瑱持

盈戒滿致儆寔切于湯盤不下帶而道自

存必師古而訓有僾宛然在目皎若此心

竊謂忠臣每慮遠而憂深常情率忽微而

恃大惟成王嗣位蒙文武已就之基而公
旦告君服商周不遠之鑒意規後世稱必
先王上自
天命之精微下逮人間之稼穡蓋立王生則逸
豈知商三宗不敢荒寧若嗣君遊無淫當
法周三王克自抑畏更端有七與嘆再三
周公豈欺于我哉聖人不易吾言矣歷觀
已往之蹟始信克勤之難矜露逸心逸豫
累德田十旬而弗反馳八駿以周流好武

好文終不如始乎吳乎蔡始弗克終故嘗
謂多難必然興邦而殷憂適以啓聖未有
留神稽古銳意有爲力行不在乎多言精
思乃先于熟讀情同夙夜志切思兼恭惟
○○○○
至敬純仁
聖文神武承封祀之後每嫌于無爲當揖讓之
餘遂繼以明作單心可學待旦非勞于是
以書紳或至遺忘雖懷簡猶煩記憶顧邇

英乃文臣講讀之地隻日不分而延義適

自公臨御之區三接無間若欲所其無逸

莫若居之不疑乃聽納挢學士之丹青就

將法孺子之精白蓋論其世則言貴溫尋

若稽遺經則篇難撿閱豈如大書特書而

勿替自可日新又新以如常數揭之屏一

覽可鑑

宸章奎藻出入求而有師備察仰觀左右逢而

自得臣等躬當盛治獲觀

大猷名幸齒于章縫愛莫助于
惟幄華垣列鍾鼎之重奚開三館之圖書傑
構垂琬琰之光寔煩
上方之筆札伏願
天健不息
地合無疆行已試可驗之方為久安長治之計
祈
天永命延八百以亢過脩巳愛民登三五而同
盛臣等下情無任瞻

天仰

聖激切屛營之至謹奉

表稱

賀以

聞

第叁場

策

第一問

浦仲良

同考試官教諭覃　批　能揄揚我

皇上心學承先聖啓後人而體用純備道德詣極葢久沐

盛化得于聞見之眞者取之不獨以其文也

考試官教諭王　批　我

皇上之學切實而廣大神化而精微子能言之可謂善觀

聖人矣

考試官教諭涂　批　此作直窺

聖蘊可謂造道之言如善說天者雖不能盡然亦知天矣故錄

有

聖人之功者知
聖人之要者也具
聖人之體者適
聖人之用者也要妙而旨遠惟詣極而優入其
域者知之用博而化神惟積盛而自及於
物者能之知要本于功崇適用原于體具
其深造自得始終無二而
天德
王道內外合一此我

皇上之學所以上接二帝三王授受之統下啓

千聖萬賢師友之傳有非近世諸君所能

彷彿其萬一也昔漢人有云世平主明臣

子不言者鄙也鄙之累傷乎王道愚也決

一見于

聖人方欲伸喙一鳴也而況執事誘之使言敢

自累于鄙乎哉夫無不學者莫如隆古之

帝王而無學者莫如叔季之人主務而未

至猶之可也矧有耽于逸豫奪于他技而

漫不之務者乎此無他大道之隱久矣而
聖人之生不數不能不有所待也我
皇上睿知有臨聰明之盡至矣極矣又何假于
學哉然嘗伏覩
御製十六字之箴有曰卓爾之見一貫之唯希
聖君子勗哉勿僞大哉
皇言乃不以帝王之聖自居而於纇會之學亦
有取者也在易乾之九二曰君子學以聚
之問以辨之寬以居之仁以行之夫乾爲

天德大人之事也可以不必學矣而猶有聚辨居行之功此取善之所以大知不已之所以爲文遜志之所以乃來小學之所以光明也我

皇上體乾元之德追往哲之志固與孔子而同歸舍類會其奚取哉執事以爲語潔義精與大舜人心道心惟精惟一之句相上下誠是矣然非有躬行心得之實孰能言之親切有味哉夫帝王之學雖與儒生不同

而其節目之大未始有異也是故頫子之
學在于博文約禮竊謂博文也者非如諸
生之讀書爲文也如觀史不過識其治亂
讀經不過通其大義時與人臣講論政事
以知四海之利病人才之忠邪講論問學
以析道理之是非此心之眞妄此卽博文
也約禮也者非如夫人之脩飾威儀也必
顧上帝之明威守
祖宗之家法飲食器用皆有品節以復周官冢

宰之制出入起居不敢踰越以蹈曲禮度數之詳此即約禮也以是而學豈不有大於顏子哉曾子之學在于一貫忠恕一貫云者乾坤易簡之理也如一日萬幾已不可以兼治舉其會以總之而衆目畢張矣九州百姓勢難以悉理得其人以任之而羣生咸遂矣一貫之道如此忠恕云者聖人絜矩之道也若百凡不急之盡罷而冗費之盡裁是能以愛己之心愛人惜民命

而憫民窮矣言路之盡闢而公議之盡伸
是能以責人之心責己明四目而達四聰
矣忠恕之道如此以是而學豈不有大於
曾子哉此皆
皇上之所致力已行者也夫惟其用功真切故
于本要所在洞見而無疑若
敬一箴布在學宫是已其
曰郊則恭誠
廟嚴孝趨肅於

朝廷愼於閒居則持敬之要表裏兼盡矣其
曰行顧其言終如其始靜虛無欲日新不已則
協一之要動靜罔遺矣豈非眞積力久妙
契疾書故從容數言而揭盡綱領之無遺
哉惟其
天德純全故於
王道所施粹白而無類卽
今天政頒於天下是已如創
四郊立

宗廟崇
兩宮正孔祀之類通幽明而格上下矣如欽保
傳緩刑獄重儒教抑近倖之類達四海而
流百世矣豈非根本深厚事業光明故
制作一形而信今傳後之無弊哉大抵理無古
今聖無優劣何也以此心之皆同而成功
之則一爾故已往之二帝三王此心也此
成功也將來之千聖萬賢此心也此成功
也然則博文約禮不外于忠恕一貫而忠

恕一貫豈外于敬一哉孔子顏曾之學不
外于
皇上而我
皇上之學豈外于二帝三王千聖萬賢哉愚也
當
聖作物覩之辰有責難陳善之心久矣倘得立
方寸地則非堯舜之道不敢陳於
上前固所願也

第二問

王烱

同考試官教諭陳　批　我

皇上德孝格天

聖神相繼子乃能體執事者私憂過計之心歟對懇惻且鑿鑿可行

是用錄出

考試官教諭王　批　知本之論未必不可為

燕翼一助也取之以備採擇爾

考試官教諭涂　批　忠愛之心溢于言外高義

何忝

天下大器也惟
帝王能端本以守器能資善以端本非器之難守而本焉之弗端也一有元良萬邦以貞本端而器有不守者乎非本之難端而善焉之無資也學而臣之不勞而王善資而本有不端者乎故
聖人能臻長治久安之休者以受震之得人而其他則有不然者豈無其故哉蓋時世之
熙洽歷數之延長皆于是乎係之天下事

無有大于此者矣而人臣所欲言于
君亦無有大于此者矣夫析薪之任必求負荷
之能勝屋壁之微尤欲嗣守以勿壞其甚
者家累千金爲後之之慮也必詳地擅一
同籌貽之之謀也尤遠翔崇高莫大乎富
貴主器莫若
長子尤不可不加之意耶仰惟我
皇上仁孝之極堯舜同歸其致多男之福而享
子孫保之之慶雖不億不足爲侈而則百

不可云多也但昔賈誼云天下之命懸於
太子太子之善在於早諭教慎選左右夫作
聖貴蒙小學在豫譬諸木然灌溉於干霄之時
孰若培植于毫末之漸哉信乎諭教之不
可不早也仲貂既易其類則桓公之善惡
頓殊居州一不在王所而宋君之正否隨
之矣信乎左右之不可不慎選也欲
太子之善舍二者何以哉昔成王幼冲知學日
就月將存敬之功也勿冒貢于非幾慎獨

之學也判渙之原明于身脩矣宥密之畢
厥此心盡矣豈後世儒生俗士之習哉夫
聖非性生由學而至也今若持恭敬而敦
溫文遺耳目而治心性如讀尚書必體認
帝王之心法何以踐履看大學衍義必擴
充古人之蓄洩何以施行雖成王之學何
以加哉又成王多難寔賴於訪落而不聰
全倚乎仔肩召公爲太保周公爲太傅太
公爲太師皆聖且賢也其薰陶匡扶之益

何如哉夫世不乏才可求而有也今若簡
儒臣之有文行及天下之孝悌有道術者
使之論道論事盡其豫養素教之力啓心
沃心致夫納誨陳善之功雖成王之左右
何以異哉我
朝宮僚於
東宮之學也晨而授書授畢斯退矣日中進講
講畢斯退矣至於祁寒暑雨學則或間也
間之日所與宴遊者誰歟所與居處者誰

歟不可得而知也昔漢明帝于桓榮時執漿爵李泌與肅宗對榻聯轡至岑文本馬周則談論治道遞日不休矣況不爲明帝

太宗肅宗者乎今宜令官僚日侍左右自授講之外于出入居處皆得周旋有剪桐之戲隨事盡規或折柳之諫應時諫止若

宮僚有不法者從三公糾正之執事所謂存養密矣德性豈有不成乎若夫

國家之設

東宮官屬也師保而下有庶子諭德洗馬之官亦已備員矣然講授既退之餘跡固疎逖祁寒暑雨之間情尤闊遠又尊卑隔絕雖欲有言而言且不敢進矣況進見皆有定期欲言之時盡亦不可得矣昔唐貞觀有延接三師之儀宋天禧有講讀官升階之節至乾道間有參見並慶賀辭謝禮儀矣況不爲夫貞觀乾道天禧者乎今宜稍通上下之情益敦師友之分自

君臣禮見之外于談論咨訪得開心胷蓋上欲
聞其說而不以狂直爲忌下欲罄其忱而
不以嚴重爲拘縱使或有過失必以大度
優容之執事所謂
上下交矣德業豈有不成乎洪惟
太祖高皇帝洪武初年即建
大本堂取古今圖書充牣其中四方名儒延
之以教
親王分番夜直天下才俊選之以充伴讀

賜宴賦詩相與商確古今評論文學歲無虛
日夫堂之建也脩藏游息有所矣視博望
之開何如書之充也仰思俯讀有具矣視
他物之儲何如夜若少肆也而以名儒直
之晝則可知矣宴宜稍縱也而以才後隨
之他事不必言矣匪人尤物無階而至前
親友嚴師自牖而納約則聽言易入畏心
恒存其必爲善而不爲不善也決矣是宜

文子文孫代有而世出也夫謀事必就

祖言必稱
先王古之道也與其遠稽帝王之遺制孰若近
紹
祖宗之家法哉仰惟我
皇上脩齊治平之盡以人治人聖神功化之極
已正正物正
太子固無待於敎而敎之之法亦無待於臣下
之有言也然執事猶拳拳焉欲過計而豫
圖之何哉夫凡人情相愛之深者不覺計

其彼身而已也又欲計及其子若孫以為百年之計況臣之於君獨不爲萬千百年之計乎蓋諭教之早也所望在

朝廷左右之愼選也其難在左右昔成王之克終以輔導得周公也如漢昭以霍光佐之昭之弗如成王也光豈得辭其責哉明月夜光莫之守而委諸衢固不如璞雖萬鎰使王人雕琢之然後得爲完器也執事以爲何如

第三問

劉時舉

同考試官教諭陳 批 經無病讀經者之病也子能以見窮理以理破疑一洗子長多愛之惑允宜錄出

考試官教諭王 批 意過其通者不拘則鑿是篇既能斷制而文又足以發之可以式矣

考試官教諭涂 批 是非不謬旨要分明足以占通經遠古之學矣健羨健羨

窮其理而弗梏于文以會文也炳然矣究其義而不膠于數以陳數也廓如矣文之所主主于理也理則一定而可窮數之所該該于義也義則至大而易究故文不必强通也苟理之旨趣既明亦得夫文之肯綮矣況以理會文文其終亦通乎哉數不必徧識也苟義之歸宿無遺亦得夫數之凡略矣況以義析數數其終不識乎哉此據經守禮者貴知要而見大而離經訟禮

者每拘墟而篤時也請因執事所問而悉
陳之伏羲作結繩爲網罟以佃以漁神農
爲耜爲耒以教天下易之言也先儒楊氏
遂以民鮮食粒食自羲農始夫謂鮮粒始
于羲農則羲農以前之無食也民將不勝
其飢矣蓋網罟耒耜之作始于羲農然後
民生之有道取之有度爾非謂鮮粒自此
始也黄帝堯舜垂衣裳而天下治亦易之
言也先儒楊氏遂以教民織紝自黄帝始

夫謂織紝始于黄帝則黄帝以前之無衣也民將不時其寒矣蓋冠屨衣裳之作始于黄帝然後民上下有服衣服有章爾非謂織紝自此始也七政之說蔡氏本孔傳以爲日月五星是取數之合也竊意帝堯命羲和曆象日月星辰命仲叔正中星則夫考中星于二十八宿而後可定分至考日月會次于十二辰而後可定氣朔皆璣象不可缺者也今獨指日月五星而遺二

十八宿十二辰可乎或謂日月五星行無定次不可不察列宿諸辰各有定體不必察也若然將何以定中星而審會次堯命官何必言考中星造曆象者何必言辰哉六宗之祀蔡氏本孔傳以坎壇雩宗亦與焉是欲其數之足也竊意書言望于山川而不及后土徧于羣神而獨遺宗廟至坎壇禳祈當祭于寒暑愆期之時雩宗嗟禱當祭于水旱為災之日皆非初攝位者所

宜行也今列坎壇雩宗而他則弗錄可乎

或謂不在天地四方乃實一而名六者言

固荒謬或謂天宗地宗與四時者義亦重

復若論三禮以定六宗則寒暑水旱豈攝

位所宜告而社稷宗廟豈祭典所可遺哉

建子爲統有周更夏商之正也孔安國鄭

康成謂周人改時與月程伊川胡安國謂

周人改月不改時論固不可同矣夫君子

觀一日之運以知一歲之運子時可以爲

來日之始則子月不可以爲來歲之始哉據春秋所書春無氷是以子丑月爲春也詩于十月曰改歲是以亥爲冬盡也又孔子云行夏之時得非以夏時不用而言乎彼蔡氏乃謂三代正朔不同然皆以寅月起數夫月數既不可改則是正朔爲虛器安在其爲改正朔哉然則謂改月不改時非矣冕祀五帝有周事上天之禮也鄭康成謂爲靈威仰之類王肅謂爲太皥等之

五人言固不相入矣夫以其形體謂之天以其主宰謂之帝觀天爲物不二而又可謂帝其數有五哉蓋家語以爲五行之神然五行不在天外不可以帝言也秦漢有五時之祭然五方亦在地內亦不可以帝言也若謂爲五人之帝者無五帝以前誰爲哉蓋古書雜亂而諸儒言不可信不過穿鑿附會以神明其說又安知其皆出於古書哉然則五帝之稱妄矣柴祀之舉祭

也日月星辰咸秩焉則司中等星何爲又
禋燎之哉殊不知祀典有功于民祀之能
禦災捍患祀之如中與命風與雨苟非星
之所主則或有神以爲之宰也故柴祀而
繼以禋燎酬德亦何嫌于屢瀆乎聖人制
禮也惟天子祭天地焉則社者豈天子以
下所通行哉殊不知天子之社祭后土也
諸侯大夫士庶人之社祭方土也故一郡
一邑一鄉之社所以祭二郡一邑一鄉之

土也蓋天子可言祭地而其餘何可言祭地乎明堂王者堂也考周禮無祀天及先之說其原乃出呂月令有季秋享帝之文漢儒承之有祀明堂而民知孝之句要之聖經所不載而見于他書何足憑哉農后土脩土穀之臣也然見于祭典祀爲社稷之神蓋農以配稷而主之者稷之神后土以配社而主之者社之神也據諸禮有配享而佐以人鬼豈即神哉傳曰禮之所尊

尊其義也失其義而悚其數祝史之事也
孟子曰故讀詩者不以文害辭不以辭害
義以意逆志是爲得之今學者之病常遺
義以尋數忘志而溺辭嗚呼使其數與辭
可得也不過爲祝史之陋高叟之固而已
矧數每扞格辭多支離雖窮年盡日劌目
鉥心亦不免爲不該不徧之學哉是故儒
者莫要于窮正理而知大義㶁滕澈波以
曲涉渦瀠之溪不如乘巨艦以達江河之

易也披郤導窾一遊刃而衆理解矣若提
刃以經營于枝經之間吾知全牛何哉學
者不可不知
第四問　　陳嘉兆
同考試官教諭劉　批　諸作類皆浮泛此篇既能
條答而低昂異同卓有定見佳士也敬服敬服
考試官教諭王　批　評品皆真議論有據可謂
知人知言矣宜魁多士

考試官教諭涂　批　學該博而識高明議論

史春故錄

君子之學也其將以精義乎君子之精義也其將以建事乎事之難建也久矣非建事之難而精義之難也義之精也以吾之心密志靜幾研微明可以高執權機妙運殊品而爲之也尺度權衡之既定然後擬議以成變化參伍而盡神明則何故之不可通何務之不可濟哉斯論之後道裂真

刓諸子各以才質見聞馳騖一時振豪邁者或越拘攣而過高狃習尚者或守凡瑣而不化是固氣稟人爲之所致然其精義致用之功果安在哉且夫君臣無所逃于天地義也田過對齊宣王有事君以爲親之言邴原對曹丕有以藥先投父之說此謂親爲重也夫仕以行義有隕無二天之制也吾知事一以盡其忠而已且禮有之曰吾君問則曰敬同而君尊禮也然豈有忠

而不能孝乎父子不可解于心命也楚
子欲殺棄疾之父而告棄疾圉勉其使居
鮮卑共執趙苞之母以拒趙苞而苞遂進
戰此謂君爲急也夫立愛自親故孝以事
君敎之道也吾知委曲以盡吾孝而已且
禮有之曰父問則曰敬同而父親禮也然
豈有孝而不能忠乎酈寄欲勃入北軍給
祿出遊而漢得以一呼左袒固不免於賣
友也然討安劉氏非酈生之力哉高允不

負翟黑于寧濱死而不悔此則不食其言友之信也與寄之事不可以一槩論矣羅企生欲畢命仲堪過家不入而遵生牽手下之固不失爲愛兄也然臣事桓玄豈企生之心哉王彬以正義責敦稱足疾而不拜此則不陷兄于惡弟之恭也與遵生所處不可以同日語矣華元季子均之遇楚而退也但季子以仁者之心望其休兵息民華元以刼詐之術將以制人利巳有所

不同爾若夫宋襄不殺致敗固仁之賊也彼趙襄子以不殺取勝假之爲已甚矣且襄子旣云不迫人於險何遽忘親以攻中牟感延殺姊以取代國哉卜式王丹均之以財助國也但式之以與爲取譎而難測丹之施不望報捐而無他不無有異爾若夫西門豹積富在民乃民之利也彼解扁計入三倍其取民爲已悉矣觀魏文侯有云扁有功而可罰夫損下謂之損何以言功

富桀者賊也罪止劉平哉商鞅淳于髡之
辯炙轂輠肪之類也鞅兩論帝王而不及
伯髡兩見梁惠而不言事非其辯有工拙
也將以探彼所厭聞之情而投我所欲言
之機也故蘇子嘗謂吾取其術不取其心
良以是爾嚴子陵陶淵明之隱務光涓子
之流也子陵見光武而不仕光武淵明就
州祭酒而不就著作郎非其節有背馳也
諫議漢爵也不足浼也著作郎朝命也不

當就也故朱子作史或書其卒不稱其官
正為此爾周亞夫不聽天子詔衛青不誅
蘇建情似相反也然軍不貳令臣不擅殺
天下之政一矣使不專命皆如二臣
朝廷豈不尊哉漢張釋之不殺驚蹕者隋趙
綽不斬行惡錢者事若有殊也然朝有爭
臣官有常刑天下之法平矣使執法皆如
二臣小民豈有冤哉李參等縱之來歸唐
太宗赦之上官興聞父囚就獄唐文宗亦

赦之或者謂均失刑矣殊不知與之歸獄

自期我之必死也參之彼縱自期上之必

免也然則殺參可以守法釋與可以勸孝

矣文宗未必失刑也魏時欲復肉刑陳羣

以爲可宋時欲試復肉刑呂公著又以爲

不可或者謂莫適從矣殊不知有先王之

教以行肉刑生道殺民之不然也無先王

之教而專肉刑不教而殺之之謂虐也然

則淫盜反滋于宮刖之具刑而支體獲完

于笞杖之減數矣公著未可盡非也伍尚
不從子胥之言獨赴楚平之召彼非不知
其必死也始則恨父之召我求生而不往
終則欲與父同死而後安也若袁粲不負
于宋袁最不負于粲臣死其君子死其父
方諸伍尚不愧烈乎郭亮不避梁冀之虐
求葬李固之尸彼非不知其難免也蹈仁
義之必欲同日疾奸邪之不與共生也若
杜喬以直殉國楊匡以身殉喬死者復生

生者不媿比之郭亮不並美乎執事所問皆昔人之所言而已行者也諦而觀之則誠有可否純駁之不同矣大抵聖人之道大中至正而可由問學之功洽性反情而無弊此中行之與孔子嘆其不得而中庸之至子思子謂爲鮮能也雖然余何尤哉蓋事之建也精義之用神也義之精也學問之功大也三代以上皇極立而大道公學術原於義理而有本義理充以學術而

無方故其功動事業純粹且精也諸子當神往聖伏世道交喪之時彼其謂不學爲不害也則事求可功求成取必于智謀之末而不出于天理之正多矣所以僅能因時以濟務隨世以就功而卒不能近三代之盛也昔人謂尚論古人爲格物窮理之一端愚也因執事之教可否具而勉戒彰矣純駁分而感懲著矣由是而極之精義建事之學其庶矣乎

第五問

莫偉

同考試官教諭劉　批

苗夷撫討之後近已晏然而籍定思慮尤當長慮却顧可也倘因子之言而力行之豈非地方生民之慶歟宜録之使昧者知所決擇

考試官教諭王　批

能言苗夷之情及自治之道切而匪迂實而可行蓋留心于時務者未尤有見是故取之

考試官教諭涂　批　補偏救弊是爲濟時良策

此篇無大改作而事已有備異他作矣

惟才可以濟變而行之存乎人惟豫可以立事而處之存乎幾變不可以先圖也得才以濟之何患之能爲然在人也事不可以後動也在豫以立之何務之不周然在幾也易曰知幾其神乎又曰神而明之存乎其人則夫制禦自治之道惟善任識微之君子屈策而屈力備事以備患夫何憂

乎有苗哉不然毋暫安而忘長治未可謂恬然無事也夫貴州本黔中夜郎之地寔苗夷巢穴之區我

朝始列郡守備首尾聯絡雖中國之風氣大開而獷悍之習尚猶在深箐長山種落不一勁鏢毒弩凶狡有餘性固然也然發難之初必有其故矣或地界之多亂或襲替之不明或小人貪利爲之教誘或管領無人失于鈐束以易動難安之情而又欲濟

其好戰多取之志無怪其沸如羹如而不
可定也至于事之難處又有其故焉蓋予
彼奪此不免避偏私之嫌持重審計或至
冒畏難之謗方欲明示德威以鼓舞顛倒
之一有差誤則卽以激亂失事之罪歸之
矣無怪其樂因循憚振作而坐視其病之
日深不可救也嘗觀漢馬忠爲牂牁守使
諸夷立廟段文昌爲西川節度以一介諭
降宋景陽致諸蠻感服七姓皆附李德禪

致阿察納誠順元安堵之四子首得非專有可專特無所制而更有統御之才不避嫌之力為之鎮定關濟哉昔舜于三苗極惡者既竄之而又有分比之舉禹于苗弗卽工者雖刑之而卽致丕敘之功古聖人所處亦不過此傳曰苟非其人道不虛行誠使上如虞夏之為下如四子之為制禦之道豈外是哉執事又以為上策莫如自治而歸于將領土官兵之與食愚又敢為

執事陳之陸敬輿有云克敵之要在乎將得其人故一人善射百夫決拾況將領爲軍之司命乎今承平日久人不知兵素矣竊謂司閫外者宜講求攻守之策熟悉向背之情五兵皆精八軍咸練一旦有警無不素治至于指揮以下以時習肄如有力多筭長于騎射劒術者進之若膏粱廝養凡材及驕騃懦輭不可用者詘之如是而將領或有其人乎我

國家設土官以轄諸夷即唐虞咸建五長之
本意而以夷治夷之良策也夫土官欲仁
仁則施恩以恤其下民得安其妻子保其
牛羊無爲盜之心矣土官欲忠忠則竭力
以事其上民皆守其名分樂于賦役無效
尤之念矣故土官之賢否實係地方之安
危而不可不慎也竊謂中閫有事詩書知
禮法者宜有以鼓舞之其孰不悅否則邦
有常憲其孰不畏哉

國初置兵數非不盛今歲有亡失之虞則兵寡矣宜嚴原籍清勾之令峻本管科罰之刑以逃亡之糧養召募之衆則精壯皆兵矣以本地之人謫本地之戍則發遣弗煩矣如是而兵或不太廢乎軍屯民糧入廩不多非川湖有轉輸之利則食急矣宜追徵之有時侵漏之勿縱川湖播州之糧必盡納本色不許折銀贖罪糴買之米必因時貯放不致腐耗如是而食或不告匱乎

夫將領得人我有常勝之師上官曾賢表
無可勦之寇有卒以備訓練則素教之兵
向敵無前有食以供戰鬬則宿飽之士持
久自易彼苗寇者何能為哉然當于無事
之時察其事之將動也而熟計過備之若
待變至而後為是亡羊而補牢見兎而顧
犬之說也豈有及哉大抵濟變貴于用人
用得其人則變生可弭立事在于早圖圖
審其幾則事至勿憂備禦與自治之道無有

大于此矣雖然漢龔遂治渤海也譬之治
亂繩不可急也請吏勿以文法繩之而宋
任張浚于西蜀之事一以委之黜陟皆專
焉然後任嫌分謗浮議不搖得以成功韓
琦謂自治之策在先治內患以去外憂內
患既平外憂自息此則肉食之謀非藿食人
所敢與也然又有說焉昔宋于書云其備
不在乎邊境而在乎
朝廷其本不在乎威強而在乎德業其具不

在乎兵食而在乎紀綱夫三者既盡天下無復事矣此非常談而寔急務也故愚以是爲篇終獻惟執事教之而已矣

貴州鄉試錄後序

詔覆言曰詔于人才知世道

窊隆矣于文章知人才饒乏

矣貴州人才邃古未聞歷漢

唐宋未大聞也入我

朝始弃置各衞實以內地之官

若卒伍官若卒伍咸東南族

也有士習焉又學校科目以
作養綱羅肆英豪崛出有拔
於風氣水土之外者乃馮馮
乎盛矣我
皇上主一所敬盡制盡倫以錫極
于四方四方象之越十五年
矣千萬里外無不於變雲疊

兹者凱口逆苗合爐偕一以
境內兵大克之故貴州人士
得抱專業哲言競初科乃馮馮
乎滋盛矣書曰舞干羽于兩
階有苗格是蓋虞舜以文德
收武功我
皇上以武功矢文德孟子曰先聖

後聖其揆一也信哉誥故于
貴州人才知世道之隆也抑
誥于文章又有所見焉大抵
皆中閎外肆膏沃光燁而窮
理博古識時務之學無不具
也乃作而嘆曰美哉洋洋乎
其文之盛乎昔漢盛武宣有

若董仲舒唐盛元和有若韓

退之宋盛元祐熙寧間有若

周程張朱皆享國長久海宇

熙洽復丕振明作以起其涵

養培植之力乃能致之若我

列聖我

皇上更有什于前者宜其天地氣

運之儲蓄
聖神功化之極致而文若此乎其
盛非漢唐宋之可及也乎雖
然獨文乎哉蓋古之學也以
爲己而其仕也以爲人其體
用本末如曾思所謂修身以
齊家治國平天下盡性以盡

人物之性贊天地之化育固
自有條理也乃撫華而遺實
捐古以徇今庸違于靜言壯
睽于幼學如是其卑陋哉昔
仲舒不大顯于漢宋四子不
得居相位議者嘗慊之今諸
生幸躬逢其盛不可謂無所

遇矣亦能脫去畢歷踐履曾
思之言而進于漢仲舒家四
子乎夫能踐履曾思之言則
必能爲臯夔周召以致世于
唐虞三代之隆而功業之盛
不獨文章已也豈非有司所
深望哉諧 大懼無以搪塞

明詔故敢以是爲諸生勸若夫不
能自勉而勉人之咎是亦誥
之深媿而難逭焉者也
江西建昌府廣昌縣儒學教
諭王誥謹序